做一名智慧的班主任

褚立伟 著

北京·旅游教育出版社

图书在版编目（CIP）数据

做一名智慧的班主任 / 褚立伟著. -- 北京 : 旅游教育出版社, 2025. 2. -- ISBN 978-7-5637-4854-9

Ⅰ. G635.16

中国国家版本馆CIP数据核字第20250S3X01号

做一名智慧的班主任
褚立伟　著

责任编辑	陈凤玲
出版单位	旅游教育出版社
地　　址	北京市朝阳区定福庄南里1号
邮　　编	100024
发行电话	（010）65778403　65728372　65767462（传真）
本社网址	www.tepcb.com
E - mail	tepfx@163.com
排版单位	北京旅教文化传播有限公司
印刷单位	唐山玺诚印务有限公司
经销单位	新华书店
开　　本	880毫米×1230毫米　1/16
印　　张	9.5
字　　数	151千字
版　　次	2025年2月第1版
印　　次	2025年2月第1次印刷
定　　价	49.80元

（图书如有装订差错请与发行部联系）

序一

以爱为名的严厉，成就更好的我们

褚 懿

在我的成长经历中，父亲始终扮演着双重角色，既是我的父亲，也是我的老师。这让我有幸能够近距离观察一位优秀教育工作者的日常，也让我深刻体会到严厉背后那份深沉的爱。

父亲从教二十余年，始终怀揣一颗热爱教育的初心。他常说："教育不仅仅是传授知识，更是点燃学生心中那把求知的火。"在他看来，每一个学生都是一块未经雕琢的璞玉，需要用爱心、耐心和智慧雕琢，让他们焕发出独特的光彩。在这本书中，父亲详细记录了自己面对学生时那份纯粹而真挚的情感。这一路走来，他始终坚守着教育的初心，用无尽的热情和智慧，照亮了学生的成长之路，逐渐成长为一位深受学生爱戴、同行尊敬的资深班主任。

父亲常说：教学是一门艺术，需要不断地探索和创新；一个优秀的班主任，必须深入了解教材、掌握学情、精心设计教学方案，只有这样，才能在课堂上游刃有余，引导学生深入思考，激发他们的学习兴趣。同时，他还注重培养学生的自主学习能力和创新精神，鼓励他们敢于质疑、勇于探索。在他的课堂上，学生总是充满了活力和创造力，不断追求着知识的真谛。

在父亲二十多年的教学生涯中，我见证了他如何用智慧与爱心，将一届又一届学生培养成才。他严厉却不失温情，严格却不失包容。他总能准确发现每个学生的特点，因材施教，激发他们的潜能。这种教育智慧，不仅体现在课堂上，更渗透在日常的点滴之中。从我的角度来看，父亲对学生的要求是比较严格的，不光体现在学习成绩上，更体现在教学生如何做人方面。作业中的每一个错别字，考试中的每一处失误，他都会仔细地指出来；同学之间发生口角、冲突，他也会耐心地化解，并坚决要求大家进行批评和自我批评。当时不理解父亲为什么那么较真，考入大学后，才渐渐理解父亲的良苦用心。他并非苛责，而是深知教育的真谛在于帮助学生突破自我，追求卓越。

父亲的教育理念不仅仅局限于课堂之内，他还非常注重学生的全面发展。他经常组织各种课外活动，如读书会、辩论赛和社区服务，旨在培养学生的团队合作精神和社会责任感。他相信，真正的教育应该帮助学生成为有责任感、有同情心和有批判性思维的公民。此外，父亲还非常重视与家长的沟通与合作。他定期举办家长会，与家长分享学生的进步和需要改进的地方。他坚信，家庭和学校的紧密合作是学生成才的关键。通过这种方式，他不仅赢得了学生的尊敬，也赢得了家长的信任和支持。

如今，父亲将多年的教育心得凝聚成《做一名智慧的班主任》一书。在这本书中，他分享了在教学过程中的心得体会和实践经验，从备课到上课，从课堂管理到学生辅导，每一个环节都凝聚着他的智慧和心血。这本书不仅是一位资深教育工作者的经验总结，更是一位家长对教育事业的深情告白。书中既有对教育理念的深刻思考，也有对教学实践的生动诠释；既有对教师职业的执着追求，也有对学生成长的殷切期盼。在教育的道路上，我父亲永远是学生的灯塔和榜样。让我们带着他的智慧和勇气，继续前行，共同创造更加美好的教育未来！

谨以此序，向我的父亲，以及所有默默耕耘的教育工作者致敬。

序二

智慧之光照亮我前行之路

张韩腾岳

时光荏苒，转眼间，我已经升入初三了，在这紧张的一年，我被分到了14班，遇到了新的班主任褚老师。记得刚入班时，看到他在讲台上威风凛凛地为我们做"思想动员"工作，我觉得褚老师很严肃，这一年又要在充满压力的状态下度过了。可随着我与褚老师半年的相处，我发现事实与我当时想象的恰恰相反。

镜头一转，仿佛又回到了那个晴朗的大课间，我与其他同学一样，手里拿着笔，奋勇地在题海里拼搏着。突然，讲台上传来了班主任的声音："同学们停下手中的笔，我给你们每一个人分析分析自己的问题。"随后便是他认真负责地点评每一位同学的优点和缺点。在同学们还都彼此不熟悉的情况下，他不仅能叫对每个同学的名字，而且还能把每个同学的长处和短处分析得那么透彻，我震惊了！这个震惊，不仅是因为褚老师对学生的重视，更多的是他在点评我们时言语间流露着的真情实感和对我们的鼓励。鼓励多么重要啊，它能使我们自信，能给予我们一种肯定，让我们有源源不断的动力，朝着目标前进。也许正是有了褚老师的鼓励，同学们在之后的学习中积极进取、勇于竞争，在成绩上都取得了巨大进步。在这半学期里，褚老师每周都会分析我们的优缺点，点出我们的不足，肯定我们的优点，让我们充满自信。在褚老师的帮助下，同学们还做到了"三人行，必有我师焉。"每位同学都成了大家学习的榜样，同学间不再有"钩心斗角"，而是共同前进，相互鼓励，奋发图强，向着理想的高中奔去。

好班主任真的像好父母一样。你见过在教室里"摆地摊"的化学班主任吗？我见过，他就是我的班主任——褚老师。期末考试来临，同学们备考的压力都很大，有的甚至想放弃。有一天晚自习，褚老师像一束光，冲入班级，对大伙儿说道："同学们，你们考试范围内的所有内容，我都给你们打完了，不仅是化学，所有科目都有。同学们可以来看一看，找一找自己的薄弱项。"接着一沓沓打印的厚厚的知识点被褚老师分门别类地摆放在教室后面。褚老师整理得不仅专业，还非常全面。物理每一章的重要公式、考试难点；语文的名著阅读、答题技巧；道法好多个小专题……真是"琳琅满目"。同学们也十分"捧场"，叽叽喳喳地要着这个，要着那个。褚老师耐心地帮同学取，并且细心地用订书机订好，颇有一番"夜市地摊"的景象。这不由得引发了我的感触：这件事的背后，不仅是班主任对学生的关心，还体现了班主任雄厚的专业知识素养，更彰显了班主任对学生、对教育的责任心。

感谢褚老师，在最宝贵的初三被我们幸运地遇到了，愿褚老师万事顺遂，天天开心！

目录

序一：以爱为名的严厉，成就更好的我们 ……………… 1

序二：智慧之光照亮我前行之路 ………………………… 5

一、做一名幸福而智慧的班主任 ……………………… 1

    工作的幸福感 ……………………………………… 3

    为学生的发展提供各种可能 ……………………… 6

    把班集体的力量变成磁场 ………………………… 10

    善于指明方向 ……………………………………… 14

    善于调查并制订计划 ……………………………… 19

    为学生做长远规划 ………………………………… 23

帮助学生分解目标 …………………………… 27
情绪稳定 …………………………………………… 32
把同学当作一生的好朋友 …………………… 35
养成为别人着想的习惯 ……………………… 39
发挥学生的聪明才智 ………………………… 42
为学生搭建成功的舞台 ……………………… 46
把责任心注入学生的心灵 …………………… 50
善于发现每一个学生的特长 ………………… 55
先看学生的长处再看短处 …………………… 59
刺激学生学习的沟通 ………………………… 63
倾听与尊重 ……………………………………… 67
循循善诱的智慧 ………………………………… 71
班主任的承诺 …………………………………… 75

二、智慧地培养学生 …………………………… 79

点燃学生心中的信念之灯 …………………… 81
激发学生的学习热情 ………………………… 85
让学生更聪明 …………………………………… 88
让学生的左右脑均衡发展 …………………… 93
没有唯一的答案,只有更好的答案 ………… 97
不要僵化背诵教科书 ………………………… 100
让书变得生动起来 …………………………… 104

锻炼学生的思维能力 …………………… 108
让学生的思维更敏锐 …………………… 112
引导学生善于发问 ……………………… 116
培养学生与众不同的思考能力 ………… 120
和学生一起快乐地学习 ………………… 123
像玩游戏一样学习 ……………………… 127
让课堂成为自由对话的乐园 …………… 130
让讨论助力学生成长 …………………… 133
"喧闹"的学习才是真正的学习 ……… 137
发挥结伴学习的最大功效 ……………… 141
学生的意见是金子 ……………………… 144
让学生获得成功的幸福感 ……………… 147

三、智慧地管理班级 …………………… 151

让学生感受到班级的爱 ………………… 153
打造一支卓越的班级团队 ……………… 156
有目标有计划地管理学生 ……………… 161
科学地制定班级目标 …………………… 165
良好的班风靠纪律 ……………………… 169
正人先正己、做事先做人 ……………… 172
抓日常班级管理的中心环节 …………… 175
抓日常班级管理的薄弱环节 …………… 179

班级管理中的时间管理 …………………………… 182
及时跟进、适时督促 …………………………… 185
做好日常工作的检查 …………………………… 188
唯有坚持，才有收获 …………………………… 191
对班级秩序被破坏零容忍 ……………………… 195
班主任的协调艺术 ……………………………… 198
相互尊重、与人为善 …………………………… 201
多种激励方式的整合运用 ……………………… 204
对待学生宽严相济 ……………………………… 207
给学生积极的暗示 ……………………………… 210
从细小处赞美学生 ……………………………… 214
让感恩之花绽放 ………………………………… 217
让班级成为学习的动力 ………………………… 221
给学生布置挑战性工作 ………………………… 224
创造班级管理奇迹的角色扮演 ………………… 228
赞许是对学生最好的鼓励 ……………………… 231
批评学生 ………………………………………… 234
引导学生自己改正错误 ………………………… 238
违反纪律的学生要受到惩罚 …………………… 242

四、智慧地管理学生 …………………………………… 247

正确处理学生的抱怨 …………………………… 249

引领不合群学生融入集体 …………………………… 254
引导学生的争强好胜 ………………………………… 258
让情绪急躁的学生静下来 …………………………… 262
让固执己见的学生学会接纳 ………………………… 266
让懒散的学生变得勤奋 ……………………………… 270
让自私自利的学生学会分享 ………………………… 273
让偏科的学生得到全面发展 ………………………… 277

后　记 …………………………………………………… 281

做一名幸福而智慧的班主任

　　心怀感恩，是幸福班主任的密钥。感恩学校与家长的信赖，同事与朋友的助力，更感恩学生以成长之姿，回馈师恩。责任在肩，班主任乃班级之灵魂。以身作则，传递正能量，塑造学生正确价值观。面对困难，勇于担当，不断提升自我，以专业素养引领教育航向。以人为本，幸福班主任深谙此道。洞悉学生兴趣与需求，激发潜能，点燃激情，让每位学生在班级大家庭中寻得归属感与价值。处理矛盾，秉持公正，既护学生尊严，又教和谐共处之道。自我反思，是成长的阶梯。幸福班主任常思过往，总结经验,优化策略,以适应时代变迁,满足学生多元需求。因材施教,以爱心倾听,以耐心引导,以细心关怀,成为学生人生旅途中的温暖灯塔。做幸福的班主任需要关爱每一个学生,关注他们的全面发展,做到因材施教。用心倾听学生心声,耐心引导学生成长,细心关注学生变化。只有这样,才能真正成为学生人生道路上的引路人,陪伴他们走向美好的未来。铸就幸福班主任之路,首在敬业之心。面对纷繁复杂的职责,班主任需要怀揣热忱,不仅深耕学业之田,更需要呵护学生身心之林,洞悉每位学生的独特个性。唯有满腔热忱,方能披荆斩棘。

一、做一名幸福而智慧的班主任

工作的幸福感

教师节一张明信片映入眼帘："老师，衷心感谢您！在最青涩的年华，您如同明灯，照亮了我人生的道路。您是我遇到的最好的老师。"简短的话如同春风拂面，带给我前所未有的幸福感。这份幸福感，正如一盏明灯，照亮了我教育事业的道路，让我在面对困境与挑战时，总能找到前行的动力与方向。

一个男孩快步走到我面前，先深深给我鞠了个躬，然后给我一个大大的拥抱。"老师，谢谢您！"清晰地记得，他曾是班级里那个让老师们颇为头疼的顽皮少年。如今，他已学会独立思考人生，怀揣着明确的目标与追求。我深感幸福，因为我知道我正在做一件极具意义的事业。每天，我都在努力成为更好的引路人，为学生的成长之路洒满阳光。我深信，只要我怀揣着对教育事业的热爱与执着，用心关爱每一个学生，用智慧引导他们成长，我便能感受到那份属于班主任的独特幸福感。尽管这条道路充满挑战与艰辛，但每当看到学生的成长与进步，我庆幸自己选择了正确的人生方向。作为一名班主任，我为此感到无比自豪与幸福。

班主任工作的幸福感是一个多维度、多层次的体验，它犹如一条绚丽多彩的光谱，涵盖了教育工作的各方面，从学生个体的成长到班级整体的进步，再到学校大家庭的和谐共建，每一个细节都可能成为幸福感爆棚的源泉。班主任是班级的灵魂，他们引领着学生树立正确的价值观，培养良好的行为习惯，塑造高尚的人格品质。看到自己的学生在学校的各项活动中表现出色，无论是学习研究、文艺比赛还是社会实践活动，都展现出卓越的素质和能力，班主任内心深处油然而生的自豪感无疑是一种无法言喻的幸福。

学生个体的成长是班主任幸福感的重要来源。每当看到那些曾经懵懂无知的孩子，在自己的引导和教育下，逐渐展现出独特的个性和才华，找到人生的目标和方向，班主任会感到由衷的欣慰和自豪。这种源于学生进步的成就感，像一束明亮的光芒，照亮了班主任前行的道路，使他们在面对各种挑战时充满力量。每一次耐心辅导，每一次深夜备课，每一次真诚交流，都让班主任与学生建立了超越知识的情感纽带。这种深厚的情感联系，让班主任在看到学生成长时，心中的幸福感更加真挚和强烈。班主任在这一过程中，不仅是教育者的角色，更是学生成长道路上的引路人、朋友和榜样。每当班主任看到自己的学生从稚嫩走向成熟，从迷茫走向坚定，他们便能体会到一种无法用言语表达的幸福。这种幸福源自学生的成长，也源自班主任对教育的热爱和对学生的责任感。

班级整体的进步无疑是班主任幸福的另一个重要源泉。一个团结友爱、积极向上的班级氛围，是班主任心血和智慧的结晶。看到班级在各项活动中脱颖而出，无论是学习成绩、文体活动还是道德风尚，都展现出卓越的一面，班主任内心深处油然而生的自豪感无疑是一种无法言喻的幸福。

学生的成长、班级的进步和学校的共建，这些幸福的源泉汇聚在一起，造就了班主任工作中独特的幸福感。这种幸福感不仅来自工作本身的成就和价值，更来自对学生无私付出所收获的深厚情感。在这种大家庭的氛围中，班主任也会感受到来自其他教师和工作人员的帮助，共同为打造一个美好的教育环境而努力。这种团队精神和集体力量，让班主任在工作中更加充满激情和动力，也让他们感受到自己的价值和意义。同事之间的互相扶持和尊重，也让班主任在工作中更加愉悦。大家共同分享教育经验，互相学习，共同进步，让教育工作变得更加有趣和有意义。

为学生的发展提供各种可能

班主任是学生发展的舵手,给予的每一份支持,旨在引领学生在德、智、体、美、劳的广阔海洋中扬帆远航。班主任要构筑多元化学习舞台,激励学生涉足学科竞赛、社会实践与志愿服务,在实践熔炉中铸造知识之剑,锻造能力之盾,升华素养之魂。定期举办的班级论坛与专家讲座,犹如灯塔,为学生的生涯规划指明方向,助力其从容应对角色转变的浪潮。同时,班主任也是学生心灵的港湾,细腻关怀每颗稚嫩的心,以智慧之钥开启学生心锁,引导其树立正确人生观与价值观,培育卓越的人际交往能力。家校携手,共筑成长的坚固防线,为学生的每一步成长铺设坚实的基石。

班主任致力于将学生塑造成理想中的模样,倾注心血,精心雕琢每一位学生的性格品质。在关注学生的学习成绩之余,班主任更应重视学生品德修养的磨砺、人格的精心塑造以及实践能力的全面锤炼。班主任以身作则,用严谨的治学态度和崇高的人格魅力为学生树立楷模,潜移默化地引导学生构建正确的世界观、人生观、价值观。个性化教育之光普照，洞悉每位学生之心，量身定制辅导方案，让潜能绽放。对于才艺出众或兴趣浓厚的学生，助力其跨越校内外界限，追逐自己的梦想。在班级管理工作中，班主任应巧妙地融合民主与集中的智慧，既充分尊重学生的个性差异与自主发展，又强调团队协作和集体荣誉感的培养。班主任应鼓励学生积极参加各类活动，通过实践活动提升组织协调、沟通交流以及团队协作能力。同时，班主任还应密切关注学生的心理健康，助力学生建立稳固的自信基石，教会他们正确面对生活、学习中的挫折与困难，保持积极向上的乐观态度。

班主任肩负着为国家和社会培养德、智、体、美、劳全面发展的建设者和接班人的使命。在关注学生个性化发展的同时，班主任应尊重每个学生的独特性，发掘并培养他们的潜能与兴趣，鼓励学生在特长方面展现自我，从而树立自信、实现自我价值。在育人过程中，班主任应注重培养学生的自我认知和自我管理能力，引导他们学会对自我负责、对他人负责、对社会负责。德育路上，班主任以身作则，言传身教，通过公益活动与讲座，引导学生树立高尚品德与社会责任感。对于体育、美育和劳动教育，班主任同样要给予足够重视，确保学生能在德、智、体、美、劳各方面均衡发展。鼓励学生参加各类体育活动，培养健康体魄和顽强意志；通过艺术教育和审美活动，提升学生的审美情趣和人文素养；劳动教育则能在实践中锻炼学生的动手能力和生活技能，培养他们的劳动观念和敬业精神。

在班级管理方面，班主任应当建立公平、公正、公开的评价体系，鼓励学生全面发展，充分挖掘他们的潜能。定期对学生进行评价，以表彰优秀、激励后进，激发全体学生的积极性和创造性。同时，要注重培养学生的创新能力和批判性思维，鼓励他们在学术上不断探索，追求卓越。

为了适应日新月异的社会需求，班主任应注重激发学生的创新精神与实践探索欲望，通过组织丰富多样的实验性、探究性学习活动，点燃学生的求知欲与好奇心，引导他们学会独立思考、自主解决问题。此外，班主任还应着力培养学生的社会责任感，引导他们关注社会热点问题，积极参与公益活动，尊重并理解多元文化，培养具备国际竞争力的素养。班主任要鼓励学生勇于担当社会责任，积极回馈社会，为社会的繁荣与进步贡献自己的力量。公正评价体系下，每个学生皆有机会展现风采，表彰先进，激励后进，共铸班级辉煌。在全面提升学生综合素质的过程中，班主任同样要关注学生的身体健康与心理素质培养。班主任应确保学生拥有强健的体魄和稳定的心理状态，以充沛的精力投入学习和生活。

班主任自己也应持续学习，不断提升教育教学水平和服务意识，以更加科学和人性化的管理方式，为学生提供一个和谐有序、积极向上的成长环境。同时，班主任应当倡导并实施个性化教育，深入了解每个学生的兴趣特长、潜能优势和短板，有针对性地提供个性化辅导，帮助学生找到适合自己的学习方法和路径。例如，对于有特殊才艺或对某领域有浓厚兴趣的学生，可协助他们申报校内外的专业项目或专项培训，让每个学生的才能得到充分认可和挖掘。在新时代背景下，班主任要积极拥抱信息技术，利用数字化手段推动班级管理创新。例如，建立班级微信群、借助校园 App 等渠道，积极与学生、家长沟通，提高信息传递效率。

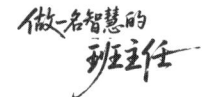

把班集体的力量变成磁场

在枣庄创办卫生城市之际,九年级一班举行了"一带一路,文明出行"的实践活动。

实践目的:为文明创建贡献微薄之力,引导市民在全社会倡导文明出行风尚。

实践内容:6月16日早上8点至11点半,九年级一班学生在枣庄市政广场集合,宣布活动主题"一带一路,文明出行"。

倡导如下:树文明风,做文明人,走文明路,引导身边的市民共同维护城市环境,为创建文明城市贡献微薄之力。

一路上,九年级一班学生用实际行动为文明交通作出榜样:1.不闯红灯;2.轻声慢步;3.捡拾垃圾;4.向周围群众宣传。通过这次"一带一路,文明出行"活动,学生们走出校园,投身实践,为广大市民树立文明出行意识,身体力行和率先垂范,做文明出行的倡导者、实践者和守护者;为广大市民作出榜样,当文明出行的标兵。这次活动充分体现班集体的力量是一种无形的磁场。

班集体的力量,像一棵茁壮的大树,每个学生都是树上的一片绿叶,虽然每一片叶子都很小,但是当它们聚集在一起时,能产生巨大的能量,为整个大树提供养分和支撑。每个学生都是班集体的一部分,他们的行动和决策都会影响整个班级。在班集体的磁场中,每个学生都找到了自己的位置,发挥着不可替代的作用。在这个团队中,每个学生都能充分发挥自己的优势,共同迎难而上,化解难题。班集体的力量,像一把无坚不摧的利剑,斩断一切阻碍,引领他们披荆斩棘,勇往直前。

班集体的力量是一种无形的磁场,以其独特的吸引力将每个学生紧密地凝聚在一起。在这个温馨的大家庭中,每个学生如同一颗独特的星辰,闪耀着各自的光芒,却又共同点亮璀璨的星空。班集体汇集成一股强大的动力,推动着每一个学生不断前行。在班级大家庭中,他们共同经历着成长、挑战与突破,彼此之间相互支持、鼓励和启发。每当面临困难时,班集体的凝聚力总能让学生变得无比坚强。大家携手并肩,一起面对挑战,共享成果,这样的经历让每个学生深刻理解到:一个人的力量可能是有限的,但当大家集结在一起、携手并进时,就能发挥出无限的能量。

班集体的威力同样体现在获得荣耀时。当某个同学取得优异成绩,或是班级在某项活动中摘得桂冠时,那份喜悦如同波浪在每个人心中荡漾。这种喜悦不仅激励着他们继续前行，更让他们深刻感受到集体的力量与温暖。更为重要的是，班集体在每个学生的成长中扮演着至关重要的角色。在这个充满爱与关怀的集体里，每个学生的个性都得到了充分的尊重，潜能也在互助与合作中得到了深入挖掘。良好的学习氛围和互助精神让学生学会了乐于助人、善于合作、勇于创新。在班集体的滋养下，他们不仅收获了知识，更学会了如何成为一个有温度、有情怀、有担当的人。

随着时间的推移，班集体的威力愈发凸显。每个学生都在这个磁场中逐渐成长、蜕变，最终成为自己梦想中的模样。而这种由班集体引发的正向变化，如同蝴蝶效应，悄然影响着每个学生的未来轨迹，让他们在人生的道路上越走越远，绽放出属于自己的光芒。此外，班集体还在潜移默化中塑造着学生的人生观和价值观。在这个集体中，他们学会了如何与人相处、如何分享与合作、如何承担责任与尊重他人。每一次的成功与挫折都成为他们成长的垫脚石，塑造了他们坚韧不拔的品质和积极向上的精神风貌。

班集体也是培养学生社会责任感的重要摇篮。在参与班级活动的过程中，学生学会了关注社会、关心他人，积极投身公益事业，用自己的实际行动回馈社会。这种社会责任感将伴随他们一生，成为他们人生道路上的重要指引。在这个充满凝聚力的班集体里，他们学会如何去关爱他人、尊重他人，也学会了如何更好地与他人合作和沟通。每个学生都为班级的荣誉而努力，每个人都从班级的成功中获得成长。这种无形的力量，让我们更加珍惜彼此之间的友谊，也让我们的学习生活变得更加丰富多彩。值得一提的是，班集体对于教师的教学方法和服务质量也产生了积极的推动作用。为了更好地满足学生的需求，教师需要不断更新教育理念、改进教学方法、创新评价体系。同时，为了营造更加优质的班级环境，教师还需要加强与家长的沟通与合作，共同为学生的成长保驾护航。

在班集体的磁场中，每个学生都能感受到集体的力量与温暖，也都在为这个大家庭贡献着自己的力量。正是这种无形的磁场，将每个人的心灵紧紧相连，共同书写着属于他们的青春篇章。这种力量如明灯指引我们前行，如镜子映照我们成长，亦如桥梁助我们跨越困境，迈向成功。它激发我们的潜能，培养我们团队精神，让我们深知团结是战胜一切挑战的关键因素。

善于指明方向

千里之行,始于足下;万里之行,始于罗盘。班主任作为引领学生前行的航标,肩负着指明方向、助力全面发展的重任。在教育工作的浩瀚海洋中,班主任不仅是班级秩序的守护者,更是学生成长的引路人。

班主任要善于指明方向,引领班级走向辉煌。班主任需要高举理想之旗,激发全体学生的志向与激情,让学生心中有梦,肩上有担。在漫长的求学旅程中,班主任是指引航程的灯塔,是育人的园丁。在方向指引上,班主任需要结合班级实际情况,将学校的教育方针、教学目标与班级特点紧密结合,制定具有针对性的教育方案。班主任要关注学生的个性差异,尝试用一把钥匙开一把锁,因材施教,让每一个学生都能在班级大家庭中找到适合自己的成长路径。班主任还要引导学生进行自我认知、自我调整、自我激励,激发他们的主体意识和内在动力,让每一个学生都能在班级这个舞台上展现自我、超越自我。

班主任作为学生成长道路上的重要引路人,不仅需要

一、做一名幸福而智慧的班主任

具备丰富的教育知识和专业技能，还需要具备深厚的情感底蕴和高尚的师德。班主任可通过运用多元化的教育方法和手段，及时了解学生整体情况，解决学生问题，助力学生全面发展。在未来的教育工作中，班主任要继续发挥重要作用，为学生的成长和社会的进步贡献自己的力量。

作为学生的心理健康老师，班主任需要具备敏锐的观察力和深邃的洞察力，需要深入学生的内心世界，以便深入剖析每一位学生的个性特点与成长需求。通过细心观察学生的兴趣爱好、特长以及潜在的困惑，班主任为学生提供恰如其分的建议与指导，助力学生在人生的航程中稳步前行。同时，班主任还需要秉持先进的教育理念，运用科学的教育方法，关心学生的身心健康，培养学生良好的行为。班主任要善于激发学生的学习热情，引导学生掌握高效的学习方法，提高学习效率。在情感方面，班主任更要致力于引导学生树立正确的人生观、价值观，培养学生良好的道德品质与社会责任感，为学生的全面发展奠定坚实基础。在当今多元化的社会环境中，班主任还需要关注时代发展潮流，紧跟教育改革步伐，不断更新教育理念和教学方法。班主任要成为教育技术的先行者，积极引入并运用现代教育技术手段，如信息技术、心理辅导等，以创新的教育模式激发学生的潜能。

在实践操作中，班主任要善于运用多元化的教育途径与形式，如主题班会、个别谈心、家校沟通等，及时了解学生动态，解决学生问题，鼓励学生不断追求卓越。此外，班主任还应积极协调各学科老师的工作，形成教育合力，共同为学生的全面发展贡献力量。在知识更新迅速的时代背景下，班主任应紧跟行业动态，及时调整教育策略，将最新的教育理念和方法引入到班级管理中。班主任还应积极与其他学校的班主任交流经验，共同探讨教育问题，不断提升自身的教育水平。

班主任的个人魅力与高尚师德对学生的成长具有深远的影响。班主任要以身作则，用高尚的师德和严谨的教学态度感染学生，用无私的爱心和耐心的教诲滋润学生的心田。在教育道路上，班主任应始终坚守初心，与时俱进，成为照亮学生人生航程的明亮灯塔。此外，班主任还应注重培养学生的自我管理能力与自主学习能力，让学生在面对未来的挑战时能够独立思考。通过组织各类团队活动，培养学生的团队协作能力和沟通交流能力，让他们更好地适应社会环境，实现个人价值与社会价值的统一。

在教育过程中，班主任不仅传授知识，更承担着指导学生如何学习的责任。每个学生都有自己的学习特点和方式，班主任需要关注个体差异，针对不同学生提供个性化的学习建议和策略。同时，班主任还需要不断更新教育理念和教学方法，将新知识、新技能融入教学中，确保学生能够跟上时代的发展步伐。

班主任要善于发掘学生的潜能，鼓励他们积极参与各

一、做一名幸福而智慧的班主任

类学术活动和社会实践，通过实践探索和体验学习，培养学生的创新精神和实践能力。班主任还要具备批判性思维和问题解决能力，引导学生学会独立思考，学会独自分析问题、解决问题。在面对复杂的学习任务时，班主任需要指导学生运用已有知识解决问题，培养他们应对挑战的能力。此外，班主任还应注重培养学生的自主学习能力和终身学习的习惯，让他们在离开校园后仍能持续学习。在当今信息化社会，知识更新迅速，班主任也需要不断自我教育和提升，以更好地适应教育教学的变化和发展。班主任应该是一个终身学习者，通过不断学习和实践，提高自己的专业素养和教育能力，以更好地服务于学生的成长和发展。

班主任不仅要善于指明方向，引导学生高效学习，还要不断自我教育和提升，与家长和社会密切合作，共同构建良好的育人环境。只有这样，班主任才能更好地履行其职责，为学生的成长和发展作出积极的贡献。同时，班主任应当秉持公平公正的原则，关注每一个学生的成长需求，对学生因材施教。既要尊重个别差异，又要激发普遍潜能，让每一个学生都能在教育过程中找到自己的价值。在信息化时代背景下，班主任应善于运用现代科技手段，创新教学方法，激发学生的学习兴趣与主动性。通过引导学生运用信息技术进行自主学习、协作探究，培养他们在数字化环境下的适应能力和创新能力。班主任还应注重培养学生的道德品质和社会责任感，通过言传身教，让学生明白做人的道理和社会的责任。班主任在教授知识的同时，还应加强对学生道德观念、法制意识和公共精神的培养，塑造具有高尚情操和健全人格的个体。

在班级管理方面，班主任需要建立完善的管理制度，营造良好的班级氛围。班主任需要培养得力的班干部队伍，让学生学会自我管理、自主发展。同时，班主任还要注重班级文化建设，通过丰富多彩的班级活动，培养学生的团队协作精神、社会责任感和创新能力。在推动班级发展的过程中，班主任应当是一位敏锐洞察班级动态、及时调整策略的舵手，既要关注班级的整体发展方向，又要留心每一个学生的细微变化和成长需求。当学生遇到困惑、犹豫不前时，班主任要及时给予点拨，帮助他们拆解难题，鼓励他们勇敢尝试；当学生取得进步、获得成功时，班主任更要给予充分的肯定和赞扬，激发他们继续前行的动力。

班主任作为班级的灵魂人物，为学生指明方向、引领班级走向辉煌的任务重大而深远。班主任只有不断提升自身素养，紧贴学生实际，紧跟教育改革步伐，才能在这个充满挑战和机遇的时代中，塑造出既有深厚文化底蕴又有强大社会竞争力的新一代教育者，为实现中华民族伟大复兴的中国梦贡献力量。

一、做一名幸福而智慧的班主任

善于调查并制订计划

有人做过这样的调查,有目标和没有目标的人的生活和工作会是怎样的,结果是:没有目标的人,生活过得很不如意,常常抱怨他人、抱怨社会;有目标但模糊的人,他们安稳地生活与工作,但没有什么特别的成绩;有目标且清晰的人,生活品质稳定上升,成为各行各业中不可缺少的专业人士;有目标,清晰且白纸黑字写下来的人,他们几乎都成为社会各界顶尖的成功人士、行业领袖、社会精英。班主任作为班级的核心引领者,必须擅长精心规划,以确保班级管理的精准高效并制订学习计划。

班主任的职责不仅是传授知识,更重要的是引导学生树立正确的世界观、人生观、价值观,培养他们的创新思维和实践能力。因此,班主任要善于制订计划,并注重培养学生的自律性和责任感,加强与家长的沟通,推动家庭教育与学校教育的紧密结合,共同促进学生的成长。只有这样才能更好地帮助学生成长,实现教育的最终目标。此外,班主任在制订计划时,应充分考虑学生的个性差异和潜能，努力创造一个公平、公正、互助、互励的学习氛围。班主任可通过定期举办各类主题班会、团队活动，引导学生树立正确的道德观念，培育他们的团队合作精神和批判性思维能力。

制订计划不仅能够让班主任在工作中运筹帷幄，更能够有效避免手忙脚乱、头绪繁杂的被动局面。在制订计划时，班主任需要深入洞察班级的实际情况，综合考虑学生的年龄层次、性格特征、学习状况等多重因素，同时紧密结合学校的教学规划与教育目标，从而制定出既贴合实际又切实可行的班级管理方案。班主任的计划体系应兼具长远规划与短期部署。长远规划旨在为班级管理指明方向，明确总体目标，如全面提升学生综合素养、培育班级团队精神等；短期部署侧重具体的工作安排与操作步骤，如每周的教学进度规划、班级活动的精心组织等。

班主任善于调查制订计划也是确保班级项目成功实施的关键步骤。在制订计划之前，班主任需要进行全面调查，深入了解项目的具体情况和背景。确定项目目标与范围：明确项目的具体目标以及预期，同时界定项目范围，确保计划能够紧密围绕核心价值进行规划。根据调查结果和学生实际情况，制订详细的项目计划，包括时间表、任务分配、资源需求等。在执行计划的过程中，班主任还需要保持高度的灵活性，根据突发情况及时调整计划。如学生的临时病假、突发事件等不可预知因素，要求班主任能够随机应变，确保班级管理工作始终保持高效的运行状态。同时，班主任应不断总结经验和教训，持续优化并完善计划，以提升班级管理的层次与成效。值得一提的是，班主任制订的计划还需要具备高度的可操作性与可量化性。这意味着计划内容应清晰具体，既便于执行，又能通过量化指标衡量效果。例如，班级的纪律规范应明确具体，既能够指导学生的日常行为，又能够作为评估班级纪律状况的重要依据。

班主任在制订计划时还应注重与学生的沟通互动与协作共进。学生是班级的主体，他们的意见与建议对优化班级管理至关重要。班主任应积极邀请学生参与计划的制订与实施过程，让学生感受到自己在班级管理中的价值与责任，从而激发他们的主动性与创造性，共同推动班级管理工作迈上新台阶。在实施计划的过程中，班主任应不断与学生沟通反馈，及时调整管理策略。学生是班级管理的直接受益者，他们的感受和反馈是检验班级管理效果的重要依据。班主任应定期收集学生的意见和建议，针对问题及时调整管理方案，以满足学生的实际需求。班主任也应持续进行专业发展，通过参加各类培训、研讨会等形式，提升教育领导力，学会运用现代信息技术手段进行教学与管理，以期在教书育人的道路上，更好地满足学生的成长需求，最终助力他们扬帆远航，驶向成功的彼岸。同时，班主任还需要建立健全的沟通渠道，及时了解学生的需求，帮助他们排忧解难。班主任要鼓励学生积极参与各类活动，发挥他们的特长和优势。

在制订计划时，班主任需要考虑学生的长期发展，注重培养他们的创新能力和实践能力。班主任应为学生提供多元化的学习机会，让他们在实践中不断学习和成长。

班主任作为班级的领导者与管理者，必须善于制订并执行计划。通过制订兼具长远规划与短期部署的班级管理计划，班主任能够精准把握班级的发展方向和具体工作，确保班级管理工作的高效有序运行。同时，班主任还需要注重与学生的沟通互动与协作共进，共同推动班级管理工作不断向前发展。

一、做一名幸福而智慧的班主任

为学生做长远规划

在为学生制订长远发展规划的过程中,班主任需要先深入细致地了解每一个学生的个性特征、兴趣爱好以及天赋禀性。借助专业的评估工具和个性化测试手段,发现学生潜在的优势领域和浓厚的兴趣所在。例如,对那些对艺术充满热情和独特见解的学生,可以精心设计并为其规划一系列艺术课程,包括但不限于绘画、音乐创作、舞蹈编排等,确保学生的艺术天赋得到充分挖掘和卓越发展。

在为学生制订具体而长远的发展规划时,需要根据学生的实际情况,制订分阶段的目标和计划。这些目标既可以包括学业上的进步,如提升考试成绩、顺利考入理想的大学或专业;也可以涵盖个性品质的塑造,如提升领导力、增强沟通能力等。在制订计划的过程中,必须充分考虑学生的兴趣、能力和时间安排,确保规划的可行性和有效性。

在长远规划的过程中,班主任应鼓励学生保持对知识的热爱和对生活的热情。如通过阅读经典著作、参加文化活动、游览名胜古迹等方式,开拓学生的视野,丰富其内心世界。培养学生的社会责任感使其在追求个人发展的同时，能够为社会的进步和世界的繁荣作出贡献。长远发展规划不仅关注学生当前的学习进步，更重视其未来职业生涯的准备。班主任应紧密结合社会发展趋势和行业需求，为学生提供有价值的职业规划和指导，使他们在未来职场上具备更强的竞争力和适应性。此外，班主任还应注重培养学生自主学习的能力和终身学习的习惯，培养他们对知识的持续热爱和对生活的好奇心，鼓励他们主动探索未知领域，不断拓宽视野。

为了确保学生能够在未来的发展中保持持续的动力和激情，班主任还应该注重培养学生的自我认知和自我管理能力。通过开展个人咨询、职业测评、生涯规划等活动，引导学生深入了解自己的优势和不足，明确自己的目标和愿景，从而制订更加科学、合理的发展规划。班主任还要关注学生的未来职业发展，根据社会发展趋势和行业需求，为其提供有价值的职业规划和指导。这包括深入了解不同职业的特点和要求，积极探索各行业的发展前景和趋势，以及积极联系并利用各种资源，为学生提供实习、实践和职业体验的机会，帮助他们更直观地认识自己，明确职业目标。此外，团队协作和沟通能力是职场中不可或缺的技能，因此，通过组织团队项目、社团活动和志愿者服务等途径，让学生在互动交流中锻炼团队协作能力和沟通能力，为未来的职业发展奠定坚实基础。

一、做一名幸福而智慧的班主任

为了更好地为学生做长远规划,班主任保持与学生的良好沟通至关重要。班主任需要深入了解学生的成长需求,关心他们的点滴进步和困惑挑战。通过定期交流和辅导,班主任可以及时调整教学策略以满足学生的个性化需求。此外,班主任还应积极与其他教育机构、企事业单位建立密切的合作关系,共同搭建有利于学生发展的平台,为学生提供更多的机会和资源支持。为了实现学生的全面发展,班主任还应关注学生的特长和兴趣爱好,提供多样化的课程和活动,让学生有机会接触并选择自己热爱的领域进行深入学习。这样不仅可以提升学生的学习兴趣和动力,还可以培养学生的多元化能力和兴趣,为其未来的职业生涯增加更多的可能性。同时,班主任应重视学生的挫折承受能力和情绪管理能力。学生在成长过程中,不可避免地会遇到各种困难和挑战。培养学生积极的心态和正确面对挫折的态度,学会调节情绪和保持平衡,将有助于他们更好地适应社会、克服困难并实现自我价值。

在具体规划实施的过程中,班主任要密切关注学生的进展情况,适时给予反馈和指导,帮助学生调整心态、改进方法、克服困难,始终保持积极向上的态度和行动力。同时,班主任还需要鼓励学生积极参与各类竞赛、项目、实践等活动,通过实战锻炼提升其综合素质,增强其社会适应能力和创新能力。班主任还需要加强与家长、监护人的沟通与协作,共同参与到学生的成长规划中,确保学生在家庭和学校之间形成一致的发展方向。同时,利用网络平台的资源,拓宽学生视野,提供更多元化的学习机会。

为学生制定长远发展规划是一项复杂而重要的任务,班主任可通过精心设计和灵活实施的课程与活动,努力为学生构建一个全面而个性化的成长路径,助力学生充分发挥潜能,实现可持续的发展目标。这一过程中,班主任也需要不断更新教育理念,紧跟社会发展步伐,勇于创新实践,以更开放的心态接纳并整合各类教育资源,从而更好地服务于学生的长远发展。

一、做一名幸福而智慧的班主任

帮助学生分解目标

帮助学生分解并实现学习目标是教育过程中至关重要的一环，它不仅关乎学生成绩的提升，更有助于塑造他们的独立思考和自我管理能力。班主任在此过程中扮演着引导者和支持者的角色，需要引导学生将宏观的学习目标精细化为可操作、可衡量的短期、中期和长期目标，从而帮助他们更好地执行学习计划。

帮助学生分解目标是指班主任要引导学生将学习的大目标细化为可操作的小目标，从而帮助他们更好地实现学习计划。班主任可以要求学生根据自己的学习情况和能力，将大目标分解为短期、中期和长期目标。例如，长期目标可以设定提高50分，那么为了实现这个目标，需要制定中期目标，如每次考试提高10分，然后再制定短期目标，如每周完成预习和复习任务，并参加课外辅导等。这样一步步地实现这些小目标，可以逐渐向大目标靠近。

班主任还可以帮助学生制订实现目标的计划。这个计划应该包括时间表、任务清单和预期成果等。例如，学生可以在每周一早自习安排本周的学习计划，包括每天要完成的任务和预期。这样不仅可以让学生有明确的学习方向，还可以帮助他们更好地管理时间。另外，班主任还需要引导学生建立目标与实际行动之间的联系，让他们明白只有通过扎实的努力和持之以恒的行动，才能逐步达成预设的目标。在分解目标的过程中，班主任要鼓励学生挖掘自身的潜能，挑战自我，适度提高目标的难度，但同时要确保他们能够通过合理的时间安排和科学的复习策略等手段，逐渐实现目标。

为了保持学生对达成目标持久热情，班主任应指导学生设置阶段性的奖励机制，如在达成每个小目标后给予自己适当的奖励，以增强成就感并激发内在动力。同时，班主任应鼓励学生进行自我评估和总结，分析每个阶段目标完成的情况及成效，从中汲取经验教训，不断调整优化学习策略。通过这种方式，不仅可以让学生体验到成功的喜悦，更能培养他们独立思考、自我驱动学习的能力。班主任还需要关注学生的情感态度和心理健康，帮助他们正确看待学习过程中的挫折和困难，鼓励他们积极应对，勇敢克服。在目标设定和实现的过程中，要充分尊重学生的个性差异和需求，不强求一概而论，而是根据每个学生的实际情况，制定最合适的计划方案。

对学生来说，学会分解目标不仅有助于提高学习成绩和学术水平，更重要的是，它能够让他们在未来的生活和学习中，具备更强的自我认知和规划能力，能够更好地应对各种挑战。班主任还需要在分解目标的过程中，注重培养学生的自我管理能力和自主学习能力。引导学生学会如何制订合理的学习计划，如何合理安排时间，如何保持学习的积极性和动力，如何调整学习策略以适应不同的学习环境和任务。这些能力将对学生未来的学习和发展产生深远的影响。

班主任还要定期组织目标分享和讨论活动，让学生有机会分享自己的学习目标、计划和方法，听取他人的意见和建议，共同探讨如何更好地实现学习目标。这种互动和交流不仅可以促进学生的学习进步，还可以培养他们的批判性思维和人际交往能力。在评价学生的学习成果时，班主任要关注学生的目标达成情况，但不要过分强调目标的完成情况，以免给学生带来较大的压力和焦虑。班主任还要鼓励学生根据自己的实际情况和需求，适度调整学习目标和计划，以更好地适应学习环境和任务。同时，教师要善于运用评价和反馈机制，让学生在实现目标的过程中不断调整和完善学习策略。通过及时的点评、指导和建议，帮助学生找到问题、分析原因并寻找解决方案，从而培养他们自我修正、自我提升的能力。

班主任应当积极构建一个积极向上、互助共享的学习氛围，鼓励学生在追求个人目标的同时，也关注他人的成功与进步,倡导一种"人人都能成功,人人都能超越自我"的校园文化。这不仅能让每个学生找到适合自己的学习目标,还能激发他们的内在学习动力,使他们在实现目标的过程中不断成长与进步。对于特殊群体学生,如情感困扰学生,教师应结合实际情况,制定个性化的目标和策略。例如,对情感困扰学生,可以设定关于情绪管理和社交技能的目标,通过心理咨询、辅导等方式,促进其心理健康和全面发展。

在跨学科教学和综合实践活动中,班主任也应注重引导学生分解并实现跨学科的学习目标。例如,在学校开展的项目式学习中,学生可能需要设定明确的目标,如提高团队协作效率、提升问题解决能力等。班主任可以通过设计挑战性任务和真实情境,让学生在完成项目的过程中逐步实现这些目标,从而培养他们的综合素质和创新能力。班主任还需要在家校合作中发挥关键作用,引导家长参与学生的目标设定和实现过程中。班主任可以与家长沟通,让家长了解学生的大目标和小目标,以及相应的计划,让家长在家中给予必要的支持和鼓励。同时,班主任还要引导家长避免过于功利的心态,理解目标的设定是一个持续的过程,尊重学生的个性差异和需求,适度施加压力而非太大的负担。

分解目标是一种非常有用的策略,它可以帮助学生更好地理解并达到目标。在工作中,班主任可以运用这种策略来更好地评估目标的可行性和现实性。通过对大目标的细致拆分，班主任可以更清晰地识别出哪些部分是可实现的，哪些部分可能存在挑战，从而调整和优化实现目标的路径。

情绪稳定

"爸爸,你把班级里的女生吓哭了!"回到家,女儿跟我倾诉。今天,看到学生默写得一塌糊涂,我忍不住发了火。我的内心充满了自责和内疚,我深知班主任情绪稳定是班级管理和学生成长的重要保障。我真诚向同学们道歉,并得到了他们的谅解。

班主任情绪稳定,是班级管理和教育教学工作的关键因素。班主任的情绪状态直接影响着班级的氛围和学生的学习状态。班主任情绪稳定时,能够以积极的态度面对工作中的各种挑战。班主任要能很好地控制自己的情绪,避免将个人情绪带入工作中,从而更好地关注学生的需求,提供更好的教育支持。班主任的情绪稳定对于班级的管理和学生的成长具有重要意义。只有当班主任能够稳定自己的情绪,才能更好地关注学生的需求,提供更好的教育支持,促进学生的全面发展。为了营造一个和谐、积极、有序的班级环境,班主任需要不断提升自我情绪管理能力,以平和、理智的态度应对各种突发状况,避免因情绪波动而做出冲动的决定。同时，学校也应关注班主任的心理健康状况，提供专业的心理辅导和情绪管理培训，帮助他们在繁重的工作压力下保持良好的心理状态。

班主任的情绪稳定是班级管理和学生成长的重要保障。社会各方面也应共同努力，为班主任创造良好的工作环境和心理健康条件，使他们能够更好地发挥在教育体系中的关键作用。班主任满怀激情，则班级活力四射，学生热情高涨；班主任积极进取，则班级学风严谨，学生斗志昂扬。因此，班主任应当不断提升自我情绪管理能力，以积极的情绪状态影响和带动学生，创造一个和谐、积极、向上的班级氛围。

班主任的情绪状态直接影响着班级的氛围和学生的学习状态。班主任情绪稳定时，能够以积极、乐观的态度面对工作中的各种挑战，所以需要班主任更好地控制自己的情绪，避免将个人情绪带入工作中，从而更好地关注学生的需求，提供更好的教育支持。在日常工作中，班主任要善于调控自己的情绪，以平和、理智的态度面对各种挑战和压力。当遇到困难和挫折时，要保持冷静，用理智分析问题，寻找解决方案，而不是将负面情绪带给学生，影响班级管理效果。同时，班主任要学会自我调节，无论是在工作中还是在生活中，都要保持积极乐观的态度，以饱满的热情投入班级管理工作中。

随着教育环境的变化和学生需求的多样化，班主任还需要具备敏锐的观察力和灵活的应对策略。在关注学生成绩进步的同时,也要关注学生的心理健康、人际关系等方面,及时发现并解决学生在成长过程中遇到的实际问题。在班级管理过程中,班主任要积极关注学生的个体差异,因材施教,为每一个学生的成长提供个性化的指导和帮助。

随着时代的进步和社会的发展,班主任工作也面临着越来越多的挑战和机遇。班主任要紧跟时代步伐,关注社会热点,引导学生正确看待社会现象,培养学生的社会责任感和担当精神。同时,班主任还要注重学生的心理健康教育,积极组织心理辅导活动,帮助学生正确面对成长中的困扰和挑战,培养学生的心理调适能力和健康人格。在信息时代背景下,班主任也要积极利用各种信息化手段,如网络、社交媒体等,加强与学生的交流和互动,及时了解学生的所思、所想,为学生提供更加精准的指导和帮助。

一个优秀的班主任必须具备情绪管理的自我觉察力和技能,从而在面对压力和挑战时,能够更加从容不迫地应对。班主任需要学会管理和控制自己的情绪,以保持班级的稳定和持续发展。情绪稳定的班主任能够避免情绪对决策的影响,更加客观、准确地判断情况,从而作出更为合适、有效的决策。

一、做一名幸福而智慧的班主任

把同学当作一生的好朋友

我所带的班级中,有一位成绩优异却性格内敛的学生小晔,他总是默默地在角落里学习,不与其他同学交流,给人一种孤独却坚韧的印象。我留意到,小晔总是在不经意间帮助同学解决学习难题,却从不以此自居,展现出了非凡的谦逊与热忱。我时常与小晔交流,聆听他的心声,了解他的生活与学习状况。我鼓励小晔积极参与班级活动,让他在团队合作中锻炼沟通技巧,释放青春活力。课堂上,其他老师也更加注重小晔的表现,对他的点滴进步给予及时地表扬与肯定。这段经历对小晔产生了深远的影响,他逐渐明白,每个人都有独特的价值,只要勇敢地去尝试,去挑战自我,便会成就属于自己的精彩人生。

班主任与学生之间的友谊会像一颗种子,经过时间的洗礼,长成参天大树。班主任应将学生视为一生的挚友,不仅聚焦于他们在校园内的表现与学习情况,更应深切关怀他们的日常生活与心理健康。作为学生的良师益友,班主任的职责远不止于传授学科知识,还需要引导学生树立正确的价值观与人生观，成为学生成长道路上的引路人。在学生遭遇困境或挫折时，班主任应挺身而出，给予坚定的鼓励与无私的支持，助其勇敢面对挑战，走出困境。

班主任与学生之间的友谊，实则是一种双向的滋养与成长。学生从班主任那里汲取知识与智慧，而班主任则从学生的活力与热情中感受到生命的活力。这种深厚的情谊，源自他们共同度过的青春岁月和共同创造的美好回忆，如同璀璨的星辰，点亮彼此的人生轨迹。在处理学生问题时，班主任应秉持公正与公平的原则，不偏不倚地处理各类矛盾与纷争。在调解学生冲突时，班主任应展现出高超的沟通技巧与协调能力，帮助学生化解误会，重拾友谊。面对学生的过失与错误，班主任应给予宽容与理解，引导他们认识错误、改正错误，从而不断成长与进步。

班主任与学生之间的友谊，是建立在深厚信任与彼此尊重的基础之上的。班主任应充分信任学生的能力与潜力，鼓励他们勇敢追求梦想，实现自我价值。而学生应尊重班主任的辛勤付出与无私奉献，感恩他们的教诲与关怀。这份友谊，无疑是教育领域中最为珍贵的财富。班主任应倍加珍惜这份情谊，用心去维护、用爱去浇灌。让学生在成长的道路上，始终感受到班主任的关爱与支持。

班主任与学生之间的友谊意义，更在于它超越了时空的界限，成为一种永恒的精神纽带。即使学生离开校园、步入社会，班主任的关爱与指引依然会如影随形，成为他

一、做一名幸福而智慧的班主任

们前行道路上的明灯与力量源泉。而班主任也将在学生的成长与成功中,收获无尽的喜悦与自豪,那份由衷的成就感与满足感,将成为他们教育生涯中最宝贵的财富。班主任深谙学生的梦想与追求,学生亦能体会班主任的期望与付出。在彼此的生命中,他们相互扶持、共同成长,谱写着一段段动人的教育佳话。班主任与学生之间的信任与尊重,在日复一日、年复一年的相处中,转化为一种无需多言便能心领神会的默契。班主任会为学生的每一次成功、每一分进步欢呼雀跃;在学生遭遇挫折时,则化作他们坚实的后盾,给予无条件的支持与鼓励。这种友谊,不仅存在于校园的每个角落,更跨越了时空的限制。即使学生踏上了人生的新旅程,班主任的关爱与教诲依然如影随形。

班主任与学生之间的友谊,是教育最美好的诠释。它让我们坚信,每一分付出与努力,都是值得的。因为在这份深厚的情谊中,学生找到了一生的挚友,班主任也收获了无尽的骄傲与满足。而那些共同度过的青春岁月,将成为他们心中永远的珍藏,激励着他们砥砺前行,书写属于他们的人生篇章。此外,班主任与学生之间的友谊,也会对学生的成长产生深远的影响。学生从班主任那里学会关爱他人、尊重他人、理解他人,学会如何与人相处、如何处理人际关系。这些经验不仅对学生现在的学业和未来的事业有着重要的影响,更会对他们的人生产生积极的影响。

班主任是学生人生旅程中的重要导师,他们的教诲和引导不仅影响着学生的现在，甚至可能决定学生的未来。班主任与学生之间的友谊也是教育进步的推动力。当班主任真正关心学生、理解学生、尊重学生时，他们就能够更好地发现教育的真谛，更好地探索教育的规律。这种深入的了解和体验，不仅有助于班主任更好地教育学生，也有助于推动教育的进步和发展。这种友谊，更是构建和谐社会的基石。班主任通过与学生之间的互动，向社会传递正能量，弘扬社会主义核心价值观，培养出一批批有道德、有理想、有文化、有纪律的公民，为社会输送新鲜血液。学生则在班主任的引领下，学会承担社会责任，为社会稳定和发展作出贡献。

一、做一名幸福而智慧的班主任

养成为别人着想的习惯

班里的一位同学突发疾病,由于家庭困难,医疗费用成为难题。同学们知道后,坚定地伸出援手,自发献爱心,解决了那名同学一家的燃眉之急。这次行动诠释着为别人着想的真谛,用爱心和行动温暖着周围的同学。班主任养成为别人着想的习惯,不仅是一种道德品质,更是一种教育智慧。

在班级管理中,班主任常常需要为他人着想,理解和尊重学生的个性差异,关注他们的需求和感受,以促进班级的和谐与进步。班主任应从自我为中心的意识形态中跳出来,学会站在他人的角度思考问题,理解他人的需求和期望。这意味着在作决策时,不仅要考虑个人的利益,也要顾及他人的感受和权益。班主任要以身作则,通过自己的行动传递为他人着想的价值观。例如,在分配班级任务时,班主任应充分考虑每个学生的能力和时间安排,确保任务公平合理;在处理学生矛盾时,要站在双方的角度思考问题,寻求双方都能接受的解决方案。

班主任作为一种重要的教育角色，养成"为别人着想"的习惯不仅是一种高尚的道德品质，更是一种教育智慧的行为准则。在班级管理的微观教育环境中，班主任的角色远不止于维持秩序、传授知识，更在于用心去理解每一个学生的内心世界，尊重他们的个性差异，关注他们的需求，通过自身的言行示范和有效管理，营造一个和谐、互助、共进的班级氛围，促进班级整体的和谐进步。班主任应当在日常生活中的点滴小事上展现出"为他人着想"的价值观，并以身作则，成为学生的楷模。例如，在分配班级任务时，班主任应充分考虑每个学生的能力和兴趣所在，合理安排任务，确保每个人都能够在轻松愉快的氛围中完成自己的部分。

班主任要善于倾听学生的声音，尊重他们的意见。学生是班级的主体，他们的参与能让班级建设得更加美好。班主任应鼓励学生积极参与班级事务的讨论，让他们感受到自己的价值和重要性。班主任通过阅读、交流和反思，培养共情能力，了解不同学生的生活经历、文化背景和价值观，从而增强对学生的理解与包容。

在日常教育教学工作中，班主任还应时刻提醒自己和学生，为人着想并不总是付出，有时接纳、包容、和睦相处也是一种美德；教育学生在面对冲突矛盾时，学会换位思考，理解和尊重他人的不同观点，以达成和谐共处的目标。班主任还应积极营造一种积极向上的班级文化，鼓励学生彼此关爱、帮助和支持，形成团结友爱、互助合作的良好风气。在这样的环境中，每个人都能感受到他人的温暖，也更愿意主动关心和帮助他人，从而共同构建一个充满爱心的和谐的班级大家庭。

班主任还要关注学生的心理健康，及时发现并帮助他们解决学习和生活中的问题；要善于沟通，用一颗真诚的心去理解学生，用温暖的话语去关怀他们，使学生感受到来自班主任的关爱和支持。同时，班主任在教育教学过程中，应注重培养学生的同理心，教导他们学会关心他人、体谅他人，培养良好的人际交往能力。例如，在团队合作中，引导学生换位思考，理解并尊重队友的观点和意见，共同协商解决问题，从而构建和谐友爱的班级氛围。关心他人并不意味着我们要放弃自己的利益，而应是在追求个人目标的同时，也要考虑到他人的需求和权益。

班主任要时刻保持一颗关爱学生的心，用真诚和热情去对待每一个学生，让他们在班级大家庭中感受到温暖和支持。总之，为他人着想是班主任工作中的一种重要品质和智慧，只有真正做到这一点，才能赢得学生的尊重和信任，才能让班级更加和谐。

发挥学生的聪明才智

在我的班级中,有一位名叫小勇的同学,聪明伶俐却略显顽皮。我看到了小勇身上潜在的领导才能,于是决定让小勇担任纪律委员,以期发挥其优势,引领班级纪律再上一个新台阶。小勇果然不负众望,他以身作则,每日严格监督班级纪律,使得整个班级氛围焕然一新。另一位同学小红,则以乐于助人的品质深受同学喜爱。我将卫生委员的重任交给了她。小红以高度的责任心维护着班级的卫生环境,使得教室始终保持着整洁美观的状态。我不仅懂得根据每个学生的特点分配职务,更懂得给予他们充分的信任与支持。在选拔班干部时,不仅看重能力,更看重品质和态度。我坚信,只有具备强烈责任感和担当精神的学生,才能胜任班级管理的重任。因此,我大胆放权,让班干部们自主组织各类活动,如主题班会、运动会等,不仅锻炼了学生的组织能力,更增强了班级的凝聚力。在班级管理的智慧中,合理用人无疑是一门艺术。富有远见的班主任,可以通过其独特的洞察力和巧妙的用人策略,使得整个班级如同精密的钟表,井然有序地运转。

合理用人、发挥学生的聪明才智,是每一个班主任的重要使命。每个学生的聪明才智都如同未被发掘的宝藏,需要班主任探索和引导。班主任作为学生成长的引路人,应当全面细致地掌握学生的兴趣、特长、性格特点以及潜能,以此为依据精准地分配班级管理的各项任务。那些善于组织、管理的学生,可委以重任,担任班级干部,成为班级秩序的有力维护者和活动协调的推动者;那些擅长文艺、体育的学生,则可让他们发挥所长,担任相应学科的课代表,带领同学们在艺术与体育的世界里畅游;对于乐于助人、具备强烈责任心的学生,可让其担任小组长,协助班主任管理小组的学习与纪律,发挥他们在团队中的领导与协调作用。

在教育实践中,班主任要时刻铭记并践行这些教育理念和策略。对每一个学生而言,他们都是带着独特的个性和天赋来到这个世界的,班主任要善于发现并理解这些差异,为每个学生量身定制适合其发展的路径。这意味着班主任需要深入了解每个学生的兴趣爱好、特长和能力,关注他们的个性差异并尊重其独特性;通过观察和沟通了解他们的需求和期望,积极倾听他们的声音并尊重其观点,以公正公平的态度对待每一位学生;鼓励他们勇于尝试新事物并敢于挑战自我,培养他们面对困难时坚韧不拔的精神;激发他们对知识的好奇心和对学习的热情,培养他们积极乐观的心态和健康的人格特质；提升他们的自我认知能力和自我管理能力，帮助他们树立正确的世界观、人生观、价值观。

在分配任务的过程中，班主任不仅要着眼于学生的现有能力，更要注重挖掘和培养学生的潜力。例如，对具备领导潜质的学生，可让他们在担任班级干部的过程中锻炼领导能力；对沟通表达能力有待提高的学生，可让他们在担任课代表或小组长的过程中锻炼相关技能。同时，班主任应积极激发学生的积极性和主动性，让他们以饱满的热情投入班级管理的各项活动中。可以通过定期举办班级会议、开展主题讨论等方式，让学生参与班集体管理的决策与规划，培养他们的主人翁意识。通过组织小组讨论、角色扮演等活动，让学生在模拟真实情境中学习和实践班级管理技巧。这些活动不仅可以提高学生的沟通能力和协调能力，更能让他们学会如何在团队中发挥自己的长处。每个学生都拥有独特的才能与潜力，如同珍贵的宝石，等待着教师去发掘和雕琢。因此，为了最大化地优化班级管理效果，班主任必须深入了解每位学生的特点，并精心安排他们在班级中的角色与任务。

当然，班主任在班级管理中还需树立良好的用人典型。班主任的言行举止对学生具有潜移默化的影响，因此，班主任应以身作则，展示合理用人的智慧。通过自身的行为示范，让学生深刻领悟合理用人的价值所在，从而在日常的学习生活中自觉践行这一理念。班级管理中的合理用人不仅能够提升班级的整体风貌与氛围,更能培养学生的综合素质与能力。让学生在完成任务的过程中锻炼自己的领导能力、团队协作能力、责任心以及沟通表达能力,为未来的生活与学习奠定坚实的基础。

班级管理中的合理用人是一项需要班主任用心揣摩、精心实践的重要课题。通过深入了解学生、精心安排任务、注重培养潜力、激发积极性、加强沟通与反馈以及树立良好典范等措施,班主任能够营造出一个充满活力、和谐共进的班级氛围,为学生的成长与发展创造更加优越的条件。

为学生搭建成功的舞台

为学生搭建展示自我的舞台,让学生享受表现的乐趣,是每一位班主任的神圣使命。展示的舞台需要班主任用心搭建,需要关注学生的需求,给予他们足够的支持和鼓励,培养他们的自我认知能力、自我激励能力和团队合作精神。只有这样,班主任才能让学生感受展示的喜悦,为他们的未来奠定坚实的基础。

班主任要关注学生的个性差异,为每个学生提供定制化的教育方案。每个学生的兴趣、特长和天赋都各不相同,因此,班主任要深入了解每个学生,根据他们的特点,提供针对性的指导和帮助,让他们在自己的道路上能够更加顺利地前行。班主任要积极搭建学生自我展示的平台,让学生敢于表现自己、展示才华和成果,这是培养他们自信心和成就感的重要途径。因此,班主任要鼓励学生参加各种比赛、竞赛和展示活动,让他们在舞台上展现自己的风采,感受喜悦。班主任应当倡导一个积极、健康、包容的校园氛围,让学生在这样的环境中,充分感受成功的喜悦和价值。班主任还需要关注学生的兴趣爱好和特长发展，为他们提供多样化的课程和活动选择，让学生根据自己的兴趣和特长进行拓展学习，培养自己的特长和优势。

为了让学生感受成功的喜悦，班主任应该时刻关注学生的需求，倾听他们的心声，给予他们足够的支持和鼓励。班主任还应该培养学生的自我激励能力，让他们能够从容应对不同的挑战和困难，时刻保持积极的心态；鼓励学生勇于尝试、勇于创新，不断探索新的领域。同时，班主任还要激发学生的求知欲望，让他们保持对知识的好奇心和热爱，不断追求进步。当学生在学习或生活中遇到困难时，班主任应该主动关心他们，了解他们的想法和感受，给予积极的建议和指导。鼓励学生根据自己的兴趣和特长进行拓展学习，培养自己的特长和优势。班主任还应培养学生的自主学习能力和终身学习意识，引导学生制订学习计划、培养良好的习惯和方法，让他们明白学习不仅仅是获取知识，更是锻炼思维能力和提升自我修养的过程。同时，班主任鼓励学生持续学习，面对困难时不轻易放弃，保持对知识的热爱和追求。

班主任还要注重培养学生的综合素质。成功的范围不仅仅局限于学习成绩，还可以包括创新思维、团队协作、人际交往等多方面的能力。因此，班主任要通过组织丰富多彩的课外活动、社会实践等，让学生在实践中锻炼自己，提升自己的综合素质，为未来的成功打下坚实的基础。在评价学生时，班主任应该采用多元化评价方式，综合考虑学生的知识技能、学习态度、团队合作等多方面表现，让学生明白成功不仅仅取决于学习成绩，更在于综合素质的全面提升。

班主任要让学生明白，成功并不是一个终点，而是一个过程，是一种心态和生活方式。班主任应该鼓励学生保持对知识的渴望和对生活的热爱，不断追求自我完善和进步，以积极的心态面对生活中的每一次挑战和机遇。为了让学生感受成功的喜悦，班主任需要用心关注学生的成长，发现他们的进步和优点，并及时给予肯定和表扬。班主任应当培养学生的自我认知能力，让他们能够正确认识自己的优点和不足，从而更好地调整自己的学习和生活态度。班主任还需培养学生的团队合作精神，让他们能够在团队中发挥自己的优势，与他人协作完成共同目标。在团队中，成功不是属于个人的，而是属于整个团队的。班主任应该引导学生学会与他人相处，学会尊重他人和倾听他人的意见，从而更好地融入团队，实现共同目标。

班主任还要培养学生的自我认知能力，让他们能够正确认识自己的优点和不足，从而更好地调整自己的学习和生活态度。班主任应该鼓励学生保持对知识的渴望和对生活的热爱，不断追求自我完善和进步，以积极的心态面对生活中的每一次挑战和机遇。为了实现这些目标，班主任

一、做一名幸福而智慧的班主任

需要不断更新教育理念和教学方法,创新教育方式和学生评价方式。班主任应该引导学生养成良好的学习习惯和态度,培养他们的自我管理能力,让他们能够独立地应对各种困难和挑战。

把责任心注入学生的心灵

班级组织了一次公益之行,旨在让学生深入社区,为敬老院的老人送去关爱与温暖。在活动中,我注意到小刚似乎有些格格不入,他独自坐在一旁,未能融入这片充满爱心的劳动海洋。我心怀关切,走到小刚身边,轻声问道:"小刚,你为何不与其他同学一起,为爷爷奶奶们尽一分力呢?"小刚支支吾吾地回答:"我觉得这些活儿太脏太累了,我不想做。"我用平和的语气为他拨开迷雾:"小刚,这些看似平凡琐碎的事情,却是老人们晚年生活的一部分。我们每个人都有责任去关爱他们,为他们送一些温暖。责任心,并非只是面对任务时不逃避、不推诿的态度,更是一种发自内心的关爱与奉献。当我们肩负自己的责任时,不仅是在帮助他人,更是在成就自己,收获内心的成长与喜悦。"小刚的眼神逐渐变得坚定和明亮。他站起身,深吸一口气,果断加入劳动的队伍中。最终,他不仅出色地完成了自己的任务,还主动分担其他同学的担子。这次经历让小刚深刻体会到了责任心的力量与意义,也让他在心中种下了关爱他人、奉献社会的种子。

将责任心深深植根于学生的心田，如同在荒芜的心灵旷野上播撒下一粒粒充满希望的种子。责任心，这一熠熠生辉的品质，既是个体品格的鲜明印记，又是社会和谐的纽带。在教育这片沃土上，教师的责任心更显得弥足珍贵，因为他们肩负着为社会播种希望、培育栋梁的神圣使命。在学生的心灵沃土上播撒责任心的种子，如同在广袤的田地上播下希望的萌芽。责任心是一种无形的力量，深深植根于学生的内心世界，能够激发出学生内心深处的潜能。这种力量不仅有助于学生在学习领域取得突破，更能引导他们在面对困难和挑战时，始终保持坚韧不拔的态度和积极向上的精神。

教师需要以身作则，用自身的行动诠释责任的含义。无论是精心备课、授课解惑，还是悉心指导人生迷津，班主任都应秉持敬业乐群的精神，对学生进行全面而深入的教导。

在学生的成长道路上，班主任要以身作则，用自身的行动诠释责任的含义。班主任要用心关注每一个学生的成长，及时发现并解决他们在学业、生活、情感等方面遇到的问题，用关爱和陪伴滋养他们的心灵。同时，也要注重培养学生的自主责任感。通过组织各种实践活动，让学生从中体验责任的重量和价值，明白只有勇于承担责任，才能获得成长的动力。在团队活动中，引导学生尊重他人，关心集体，明白每个人都是团队成功的重要组成部分，从而培养他们的团队精神和集体荣誉感。此外，班主任在教学过程中，应当运用各种教学策略，将责任心的教育融入日常教学之中，让学生在不知不觉中领悟到责任心的真谛。例如，在学科教学中，班主任可以结合课程内容，引导学生深入思考个人与社会、国家的关系，从而激发他们为他人着想、为社会奉献的责任感。

在班级管理环节，班主任可以通过设立多个班级职务，让学生积极参与班级事务决策与管理，体验承担责任对于个人成长的重要性。同时，鼓励学生在担任职务的过程中，学会尊重他人、关心集体，明白每个人都有可能成为团队成功的关键因素，进而培养他们的团队协作精神和集体荣誉感。班主任在培养学生的责任心时，应当注重个别差异，因材施教。每个学生都有自己独特的个性和特点，他们对责任心的理解和实践方式有所不同。班主任需要关注每个学生的兴趣、特长和个性，为他们提供个性化的指导和支持，帮助他们找到去承担和履行自己责任的方式。在培养学生责任心的过程中，班主任也要注重自己能力的提升。责任心不仅是一种教育理念，也是一种人生态度。班主任通过自我反思，可以不断深化对责任心的理解和实践，将自己的责任心融入到日常工作和生活中，成为一种引领学生成长的力量。

在教学策略上，班主任可引入项目式学习、问题导向的学习方式，让学生在解决实际问题的过程中，学会承担个人在团队中的责任。同时，借助跨学科的教学内容，整合资源，创设情境，使学生在模拟真实场景中，体验责任的实际意义和价值。对于学生的成长，班主任不仅要关注其学习成绩，更要关注其情感态度、价值观的培养。通过组织多样化的课外活动、志愿服务等，让学生在实践中锻炼能力，在服务他人中领悟责任的价值。班主任应当积极推动学生参与各类团队项目和实践活动，如社区服务、志愿者活动、课题研究等，让他们在实践中理解责任心的内涵。在团队项目中，学生需要相互协作，共同面对困难和挑战，从而学会尊重他人、关心集体，明白每个人的努力都对团队的成功至关重要。

班主任还需要积极搭建家校合作平台，加强与家长的沟通与协作，共同参与到孩子的责任心培养中来。通过举办家长会、家访等形式，班主任能够深入了解学生在家中的表现和责任意识水平，进而调整教育策略，与家长携手促进学生的全面发展。另外，班主任在培养学生的责任心时，要充分认识到实践的重要性，鼓励学生参与各类社会实践活动，如社区服务、志愿者活动等，通过实际行动，让他们体验到承担社会责任的乐趣和意义。

在评价体系中，班主任应将责任心纳入学生综合素质评价的指标中，通过建立公正、客观的评价机制，肯定学生在责任心方面的表现和进步，进一步激发他们的内在潜能。班主任的责任重大，不仅需要传授知识，更要塑造学生的品格和价值观。通过上述各种方法，班主任可以将责任心植入学生的心灵深处，为他们的未来人生之路奠定坚实的基础。

一、做一名幸福而智慧的班主任

善于发现每一个学生的特长

作为班主任，要有一双敏锐的眼睛，发现每一个学生的特长，并挖掘他们的潜力。每一位同学都有自己的独特之处，他们可能在学习成绩上不够突出，但在其他领域有着非凡的才能。班主任通过发现这些特长，可以帮助学生认识到自己的价值，从而建立自信，克服学习上的困难。

发现学生的特长，可以激发学生的学习兴趣。兴趣是最好的老师，而特长往往是兴趣的体现。班主任通过发现学生的特长，可以引导他们深入探索自己的兴趣领域，从而激发他们的学习兴趣，提高学习动力。许多伟大的科学家都是在童年时期就表现出与众不同的特长，而这些特长往往决定了他们未来的发展方向。班主任通过发现并培养学生的特长，可以为他们未来的发展提供有力的支持。每个学生都是独一无二的，他们都有自己的喜好、兴趣和优势。班主任通过关注学生，发现他们的特长，能够更好地了解每个学生的个性，从而更好地与学生相处，增进师生感情。

班主任还应该提供一个平台，让学生能够展示自己的特长，交流彼此的见解和经验。这样不仅可以激发学生的兴趣，还能够让更多人了解他们的优点和潜力。作为班主任，应善于发现每一个学生的特长，并注重培养他们的兴趣爱好，引领学生走上充满阳光、自信和乐趣的学习道路，为他们的未来打下坚实的基础。每个学生的特长都是班级的宝贵财富，通过发掘和培养这些特长，可以让学生意识到自己可以在不同领域为班级作出贡献，增强他们的集体荣誉感和归属感。

在发现学生的特长之后，班主任还应积极与各科老师沟通，确保各科老师在课堂教学中也能关注学生的特长，让特长成为学生全面发展的有力支撑。此外，班主任还可以通过组织各类活动，如校园社团活动、学科竞赛、社会实践等，让学生在实践中展示和锻炼自己的特长，进一步激发他们的学习兴趣和潜能。班主任自己也应不断学习和提升，以更深入地了解和引导学生的特长发展；可以通过参加专业培训、阅读教育类书籍、关注教育热点等方式，不断提升自己的教育理念和改进教育方法。在这个过程中，班主任不仅要扮演教育者的角色，更要成为学生的朋友和引路人；要深入了解每一个学生的内心世界，关注他们的成长轨迹，耐心倾听他们的声音，理解他们的困惑。在培养学生特长的过程中，班主任要鼓励他们勇于尝试、不怕失败、坚持不懈。因为特长不仅仅是表面的技能，更是一种内在的品质和精神的体现。通过培养学生的特长，可以提升他们的自信心，增强他们的意志力，塑造他们的人格特质。

班主任还要注重学生综合素质的培养。学生的特长发展并非孤立存在的，需要与其他素质结合，才能更好地发挥其潜能。因此，班主任要关注学生的学业成绩、道德品质、人际交往、创新能力等多方面的素质提升，帮助学生构建全面的知识结构和人格特质。同时，班主任在培养学生的特长时，要注重培养学生的自主学习能力和终身学习意识。

此外，班主任还要积极与家长沟通，共同关注学生的特长发展。家长是学生的第一任老师，对学生的特点和兴趣有着更深入的了解。通过与家长的沟通，班主任可以更好地理解学生的需求和期望，为学生的特长发展提供更有针对性的指导和支持。并且，班主任还可以通过家校合作，搭建一个家庭与学校之间有效沟通的桥梁，使得家长能够更深入地参与到学生的教育过程中来，共同见证和帮助学生发现他们的潜能。在与学生和家长的互动中，班主任能更准确地把握每个学生的特点，因材施教，促进他们全面且有个性的发展。

作为班主任，善于发现和培养学生的特长是教育工作中至关重要的一环。通过细心观察、用心了解、积极沟通、组织活动、家校合作等方式，班主任可以全面深入地发现和培养学生的特长,为他们的未来发展奠定坚实的基础。同时,班主任还要注重学生的自我认知和成长规划,引导学生认识自我,明确自己的兴趣、优势和目标,制订合理的成长计划,并鼓励学生不断挑战自我、超越自我。

一、做一名幸福而智慧的班主任

先看学生的长处再看短处

"善于发现和发挥学生优点和长处的教师,赛过及时发现和纠正学生缺点和短处的教师。"对一个学习成绩一般但动手能力极强的学生,如果班主任只关注他的学习成绩,那么可能会忽视他的优点。如果看到他的长处,并为他提供展示才华的舞台,让他担任班级科技委员,负责组织一些科技活动,他的优点就会被放大,同时也会激发他对班级的归属感和责任感。在他的带动下,班级里的其他同学也会受到影响,纷纷展现自己的特长和兴趣。

班级管理中,班主任应秉持欣赏与发现的原则,首要聚焦于学生的优点和长处。这种关注和认可不仅能够点燃他们的潜能之火,激发他们的自信心,使他们在积极向上的氛围中茁壮成长,更能为班级注入一股活力,促使班级形成团结和谐的氛围,加强集体的凝聚力与向心力。在班级管理的实践中,班主任要将学生的优点与短处视为他们成长的双翼,既要给予充分的欣赏和鼓励,也要提供有针对性的指导和帮助。唯有如此,班主任方能真正践行以学生为中心的教育理念，全面关注他们的成长轨迹，确保每位学生都能在班级这个温馨的大家庭中感受到关爱与温暖。

在教育的道路上，班主任应始终坚守"以人为本"的教育理念，既关注学生的学习成绩，也关心他们的身心健康与全面发展。班主任要努力帮助学生在德、智、体、美、劳等方面实现均衡发展，培养他们成为具有独立人格、创新精神和社会责任感的时代新人。这种"以人为本"的管理方式，不仅能提升班级的整体表现，更能培养学生的自信心和独立思考能力，为学生未来的生活和学习打下坚实的基础。班级管理是一个动态的、发展的过程，需要班主任根据学生的具体情况进行灵活调整。一个好的班主任，不仅应该看到学生的长处和短处，更应该在此基础上，引导学生发现自己的潜力，激发他们的学习兴趣和动力。在这个过程中，班主任应扮演积极的角色，以公平、公正和充满关怀的态度，引领学生探索自己的潜能，激发他们的学习兴趣与内在动力。班主任要让学生明白，每一个闪光点的背后，都凝聚着不懈的努力与坚持；每一个短板，都是他们成长道路上的一次历练与提升的机会。针对能力发展不均衡的学生，班主任应提供个性化的辅导与训练，帮助他们找到适合自己的学习方法，逐步补齐短板，实现全面发展。对于兴趣导向偏离的学生，班主任应通过丰富多彩的教学活动和兴趣小组，激发他们的学习兴趣，让他们在快乐的氛围中自主学习，不断成长。对面临心理问题困

一、做一名幸福而智慧的班主任

扰的学生,班主任需要付出更多的关心与陪伴,通过心理疏导和情感交流,帮助他们调整心态,重拾信心,迎接未来的挑战。

在班级管理中,关注学生的长处有助于建立和谐有序的班级氛围。每个学生都有自己的闪光点,这些闪光点汇聚起来,形成了班级独特的文化底蕴。班主任应当鼓励学生发挥自己的长处,通过组织多样化的活动和竞赛,为学生提供展示才华的平台,让班级成为每个学生的舞台,激发他们的成就感和归属感。每个学生都有自己的兴趣爱好和特长,这些特长可能是他们在学术领域之外的独特优势。班主任应当引导学生将自身的兴趣和特长转化为动力,推动他们在不同领域取得突破和进步,实现全面发展。同时,关注学生的长处还有助于培养他们的自信心和创新能力。每个学生都有自己的独特思维方式和创新能力,这些能力往往在他们的兴趣和特长中得到体现。

在班级管理中欣赏与发掘学生的长处,并不意味着要忽视学生的短处。相反,正确对待学生的短处,同样是教育引导的重要一环。班主任需要以敏锐的洞察力与深沉的关爱,探寻每个学生短处背后的深层次原因,是能力发展的不均衡,还是兴趣导向的偏离,抑或是心理的困扰。与此同时,班主任也应以宽容和理解的态度看待学生的不足之处。这些短处或许正是他们未来努力的方向,也是作为班主任需要倾注更多心血去引导和帮助的关键点。班主任应保持平和的心态，用心体察学生在成长道路上的挑战与困境，并提供必要的支持和帮助，帮助他们克服困难，实现自我超越。班级管理并非简单地纠正短处，更重要的是发掘和利用学生的长处，以此为出发点，引导他们全面发展。在这个过程中，学生不仅能发挥自己的优势，也能在尝试和挑战中逐步改正自己的不足。班主任应让学生在被欣赏与鼓励的滋养中，发现自己的价值所在，同时在面对短处时勇敢地进行自我审视与提升。班主任要教会他们如何勇敢地面对挑战，如何从失败中吸取教训，坚定地追求自己的梦想。

班主任应当以鼓励和肯定为核心，坚决摒弃负面评价，营造一个积极向上的学习氛围。对学生的优点和进步，要及时发现并予以表扬，帮助他们建立坚实的自信基础。看待学生时应从多个角度进行全面分析，不仅要关注学习成绩，还要注重品德、情感、社交等方面的培养。作为班主任，要用心观察、发现、欣赏每个学生的独特之处，鼓励他们成长。

一、做一名幸福而智慧的班主任

刺激学生学习的沟通

小云对我的教学方式心生困惑,课后鼓起勇气向我求教。她坦诚地向我表达了自己的疑虑和不满,而我则以平和的心态耐心倾听,并深入浅出地阐释自己的教学理念和方法。在深入交谈中,我意识到自己在教学方法上可能存在疏忽。我由衷地感谢小云的坦诚和勇气,并郑重承诺将认真反思她的反馈,努力优化教学方式,使之更加贴近学生的实际需求。沟通在学生全面发展中扮演着至关重要的角色,其影响力深远且广泛,从提升学术表现到塑造人格特质,再到未来职业生涯的成功,都与之息息相关。

有效的沟通能够清晰地传达期望与目标,让学生明白自己的任务和价值,从而激发他们的内在学习动力。当学生感受到被尊重、被关心、被理解时,他们更有可能对学习产生兴趣,从而更加主动地投入各项活动中。有效的沟通不仅仅是信息的传递,更是情感的交流。通过深入对话和讨论,学生能够感受到自己的价值和重要性,被尊重和关心的感觉能够激发他们的内在动力。这种积极的情感体验会使学生更愿意参与课堂活动，与教师和同学进行互动和交流。

有效的沟通有助于建立和谐的师生关系，营造良好的教学氛围。在这种环境中，学生更容易放松心情，展开思维，勇于面对挑战，乐于分享观点和体验。当学生意识到班主任是他们可以信赖和依靠的人时，他们会愿意向教师敞开心扉，分享自己的想法。这种开放的沟通渠道有助于班主任更好地了解学生的需求和困惑，从而调整教学策略，提高教学质量。有效的沟通扮演着至关重要的角色。它不仅是知识的传播途径，更是激发创新思维和提升研究能力的催化剂。通过与老师、同学深入交流和探讨，学生能分享项目成果，解析疑难问题，共同推进项目的发展。这种高效的沟通机制能激发学生的批判性思维和问题解决能力。当学生积极参与学习研讨时，会不断思考、分析、评估和调整自己的研究方法和结论，从而培养学生独立思考和批判性思维的能力。

沟通还能培养学生的团队协作能力和社交技巧。在共同解决问题、探讨解决方案的过程中，学生学会倾听、尊重他人意见，并在此基础上寻求共识。这些技能对他们未来步入社会、适应职场环境至关重要。在学校教育中，家长、班主任与学生之间的有效沟通能帮助学生树立正确的价值观和道德观，引导学生作出正确的行为决策。通过沟通，学生可以更好地理解自己的行为对他人和自己的影响，

一、做一名幸福而智慧的班主任

从而学会尊重他人、自我约束和承担责任。这种理解和反思能力有助于学生成为更有道德感和责任感的人。

良好的沟通还能够促进信息的流通和反馈，有助于班主任更好地了解学生的需求和困惑，从而调整教学策略，提高教学质量。对学生来说，他们可以及时获得教师的指导和帮助，更好地理解和掌握知识。在沟通过程中，学生可以锻炼自己的语言表达能力和解决问题的能力。通过与他人的交流和合作，学生能够学会如何用清晰、准确的语言表达自己的观点和想法，如何倾听他人的意见，如何协调不同观点，从而达到解决问题的目的。这些技能对他们未来的学习和工作都至关重要。沟通在学生们的成长过程中至关重要，它不仅是理解他人、表达自己想法的过程，更是构建和谐、多元学习环境的关键环节。通过有效的沟通交流，学生能逐渐理解和接纳不同的观点与文化背景，学会尊重他人的独特性，这有助于增进友谊，形成团结互助的良好氛围。在学习研讨中，思想的碰撞与融合能激发学生的探究欲望和创新精神，促使他们在交流讨论中不断完善自己的观点，提升学习研究水平。同时，沟通还为学生提供了一个宣泄情感、释放压力的渠道，通过分享彼此的心得和情感体验，他们可以增进相互理解，培养共情能力，这对于构建一个和谐、多元且富有建设性的学习环境至关重要。有效沟通在学生的情感和心理健康方面也起着至关重要的作用。它有助于学生建立积极的自我形象，增强他们的自信心，并帮助他们更好地缓解学习和生活中的压力。

在培养学生的领导力和管理能力方面，良好的沟通同样具有显著的影响。通过参与团队项目、组织活动以及与他人有效沟通，学生可以学到如何引导和激励他人，如何制订和执行计划，以及如何处理各种复杂的情况。这些技能对他们未来在职业生涯中成功领导团队、实现目标至关重要。对那些性格内向、不善表达的学生来说，良好的沟通机制同样具有重要意义。通过有效的沟通，他们可以找到倾诉的对象，分享自己的心得，从而培养自信心，逐步走出自我封闭的困境，融入集体生活。同时，班主任也可以通过与学生们的深入沟通，及时发现并解决他们在学习生活中遇到的问题，从而更好地帮助他们成长。不仅如此，成功的沟通还能让学生学会如何更好地管理自己的情绪，如何以积极的态度面对生活中的挫折与困难。在当今全球化、信息化的时代背景下，沟通的重要性愈发凸显。无论是学术研究还是未来职业生涯，掌握有效沟通技巧能帮助学生更好地适应社会需求，解决问题，实现个人价值。

总的来说，沟通是学生成长的必备技能之一。掌握良好的沟通技巧，不仅有助于提高学生的学习成绩，还对他们的个人成长和未来发展产生深远影响。作为教育者，班主任应该珍视与学生之间的每一次沟通机会，努力建立积极、健康、有效的沟通关系，从而激发学生的干劲，促进他们全面发展。

一、做一名幸福而智慧的班主任

倾听与尊重

当学生在课堂上发表观点，分享心得，甚至在探索中出现偏差时，作为班主任，不仅要悉心接纳，更要通过巧妙地引导，激发他们深入思考、追寻真理的热情。班主任的角色更像是一个探索同伴，与学生并肩作战，共同挖掘知识宝藏，而非只是知识的灌输者。这样的角色转换，不仅能培养学生独立思考的能力，而且能激发他们的创新精神，更能让学生在遇到困难时，从班主任的经验分享中找到解决问题的方法。在教育过程中，尊重学生的独特见解和珍视他们每一次的思考成果，这是班主任不可或缺的人文关怀。这种关怀体现了对学生个性的尊重和对他们思考能力的肯定，旨在鼓励学生敢于发表观点，分享心得，勇敢探索未知领域。

班主任倾听学生的过程，是双方思想碰撞、交流的过程，也是彼此理解和尊重的过程。在这一过程中，班主任不仅锻炼了学生的表达能力和批判性思维，更是在学生心中播下了自信的种子。当学生的想法得到班主任的认真回应，他们更有可能在未来建立起良好的自我认知和自信心，勇往直前地探索未知领域。这种由倾听培育出的自信，往往是开启未来成功之门的金钥匙，能让学生在未来的道路上无畏挑战，勇往直前。在一个班主任能耐心倾听学生意见的学习环境中，学生更有可能形成良好的道德品质。这种环境不仅有助于提升学生的学习成就，更能激发他们的社会适应能力，为他们在未来的生活和工作中取得成功打下坚实的基础。

　　班主任的倾听在构建和谐师生关系、培养具有诚信品质的学生中起着至关重要的作用。在教育过程中，班主任应以平等、公正的态度对待每一位学生，无论是在学术上还是在人际交往中，都要给予学生充分的话语权和表达观点的机会。班主任的倾听不仅是一种教育策略，更是一种情感交流和教育理念的表现形式。通过耐心倾听学生的解释和辩解，班主任能更准确地判断学生的诚信程度，并给予相应的信任和支持。这种正向的反馈机制会让学生深刻感受到被尊重、被关心的重要性，从而更加珍惜并努力维护这种关系。在一个充满关爱、注重倾听的教学环境中，学生更有可能学会关注他人的需求，体谅他人的处境，从而形成良好的同情心。

　　班主任的倾听是一种无私的奉献，一种高尚的情操，更是教育艺术的精髓。在教育过程中，班主任应始终保持一颗谦卑的心，愿意倾听学生的声音，理解学生的需求，

一、做一名幸福而智慧的班主任

引导学生成长。只有这样,教育才能真正成为一种双向的过程,一种心灵的交流和碰撞,一种智慧的共享和创造。在班主任倾听学生的过程中,学生不仅获得了知识上的启迪和能力上的提升,更在情感上得到了满足。他们学会了在被尊重中尊重他人,在被理解中理解生活。在教育实践中,班主任应努力践行这种人文关怀,不断提升自己的专业素养,以更好地适应教育改革与时代发展的要求。通过倾听,班主任不仅能够引领学生探索知识的海洋,更能陪伴他们一同体验成长的喜悦与挫折,共同塑造一个充满活力、和谐共生的教育生态。在这个过程中,班主任不仅要倾听学生关于学习问题的见解,还要关注他们的情感需求,鼓励他们在成长过程中的每一次尝试。这种倾听不限于课堂上的问答环节,更体现在日常的交流和互动中细心观察学生的行为举止,理解他们。

班主任的倾听也是培养学生自主性和自律性的关键步骤。通过倾听学生的声音,班主任可以帮助学生认识到自己的优点和不足,鼓励他们自我探索,自我调整。一个被班主任认真倾听过的学生,更有可能在未来的生活中独立思考,勇于创新,成为社会的栋梁之材。在教育过程中,班主任还需要学会从学生的角度思考问题,理解他们的困惑和挑战。只有这样,班主任才能给予更有针对性的支持和指导,帮助学生克服困难,实现目标。这种设身处地的理解能够加深班主任对教育目标的把握,使班主任能够根据学生的实际需求调整教学方法和策略。通过倾听学生的声音，班主任可以更深入地了解他们的兴趣、困惑和期望，从而更有针对性地给予指导和支持。这不仅有助于培养学生的自主性和自律性，还能帮助学生建立积极的人生观。

班主任的倾听还是建立班级文化、培育良好学习氛围的关键环节。在一个注重倾听、鼓励探讨的班级环境中，学生更能感受到自己的价值被肯定，也更愿意为维护这种环境付出努力，从而形成积极向上的班级风气。这种班级风气不仅有助于学生的学习进步，更有助于他们的人格塑造。

班主任的倾听是一种无价的教育资源，它不仅能够提升学生的学习成绩和能力，更能塑造他们的品格和人格，为他们的未来生活奠定坚实的基础。班主任的倾听是一种深厚的情感投资，它有助于培养师生间深厚的情感纽带，使得学生更愿意敞开心扉，真诚地面对自己，勇敢地追求梦想。这种倾听让学生在成长的道路上不再孤单，使他们在面对困难和挫折时，能从班主任的经验分享中找到勇气和智慧，学会如何应对挑战，如何在困境中寻找生机。

一、做一名幸福而智慧的班主任

循循善诱的智慧

小杰天资聪颖，却没将这份聪慧用在学习上，反而是用在了调皮上。我开始施展循循善诱的教育方法，把小杰引向学习的正道。我时常以赞赏之辞激励小杰，肯定他的聪慧才智，同时亦不忘谆谆教诲，提醒他若能将这份天赋用于学习，定能攀登学术之巅，成就非凡。在我的精心引导下，小杰渐渐对学习产生了浓厚的兴趣。他发现，原来学习并非枯燥乏味，而是充满了无尽的乐趣。他在我的鼓励下，积极参与各类活动，锻炼自己的组织能力和表达能力，最终成长为一名全面发展的少年。循循善诱是一种教育智慧，更是一种教育情怀。它不仅要求班主任具备耐心和爱心，还要求班主任深入了解学生，关注学生的个性差异，因材施教。

循循善诱，实乃教育之精髓，突显班主任独特的智慧。它要求班主任怀揣耐心与细致之心，循序渐进地引领学生探寻问题、深入思考、解决难题，从而在潜移默化中塑造他们独立之思维与锐意创新之精神。循循善诱之精髓，在于启发式教学的巧妙运用。班主任通过提问、讨论等多重手段，激发学生的求知欲，让他们在探索的旅程中不断成长。班主任需要善于倾听学生的心声，深入了解他们的兴趣和需求。只有知道学生想要什么，才能找到适合他们的教育方法。

循循善诱要求班主任针对学生的个性化特点，包括其知识水平、兴趣爱好及性格特质等，施以量身打造的引导策略。班主任需细心体察学生需求，洞悉其困惑所在，并循循善诱，引导他们走出迷津，助其更好地认识自我、发掘潜能。在与学生交流的过程中，班主任要始终保持平和的心态和耐心的态度，不吝啬地给予学生赞美和肯定，用肯定和鼓励的话语激励学生，让他们感受到自己的价值和潜力。

循循善诱亦需班主任不断更新教育理念、探索教学方法，使之契合时代之发展与学生之需求，创造性地进行教育工作。班主任需要全方位关注学生的成长，不仅传授知识，更要培养其道德品质和价值观等诸方面素养，为其未来腾飞奠定坚实基础。循循善诱的班主任，宛若智慧之灯塔，他们擅长营造宽松、和谐的学习氛围，鼓励学生敢于表达、乐于探索。在这种愉悦的氛围中，学生的创新思维得以激活，他们或提出独到见解，或发问深刻问题，从而推动知识之树不断生长。班主任要善于运用生活中的实例和故事，以寓言、比喻等形式，将深奥的知识和道理变得

一、做一名幸福而智慧的班主任

生动形象,便于学生理解和接受。同时,班主任还要鼓励学生勇于表达自己的观点和想法,培养他们的批判性思维和创新能力。

循循善诱的班主任在引导学生时,尤其要着重培养其自主学习能力。班主任教育学生学会自我驱动、自我管理,主动寻求答案,而非被动接受知识。如此,学生不仅掌握知识精髓,更习得学习方法,养成终身学习的良好习惯。作为班主任,自身的言行举止对学生有着深远的影响,因此班主任应当以身作则,通过自己的行为示范传递出对学术的热爱、对他人的尊重以及对社会的责任感。循循善诱的班主任,自己也要不断学习、成长,勇于迎接挑战,敢于尝试新颖的教学方法,以适应学生需求与时代变迁。循循善诱的班主任,在指导学生时,要注重培养其批判性思维。班主任鼓励学生勇于质疑、敢于挑战权威,在不断思考与质疑中锻炼独立思考与解决问题的能力。

健全的人格与健康的情感态度是学生成长之基石。因此,班主任要关注学生心理健康,引导其树立正确的价值观与人生观,培育其良好的道德品质与社会责任感。在培养学生扎实学科知识的同时,班主任应不忘关注学生的兴趣爱好,尊重个性发展,引导学生发掘潜力、培养特长,做到学有所长、全面发展。如此一来,学生既能掌握必备的专业技能,又能拥有特长爱好,丰富业余生活,提升个人魅力。我们还要倡导家长、学校和社会各界形成教育共同体，共同参与教育过程，为学生提供全方位的支持。

循循善诱的班主任擅长运用多元化的评价方式，全面关注学生的个体差异，给予精准反馈与悉心指导，助学生更好地认识自我、发掘优势与不足，从而调整学习方法与策略。班主任积极引导学生参与社会实践和志愿服务等活动，让他们在实践中学会关爱他人、服务社会，培养良好的人际关系和社会适应能力。

总之，循循善诱要求班主任以耐心细致态度，逐步引导学生发现、思考与解决问题，从而培育其独立思考与创新精神。这种教育方式不仅利于学生全面发展，也可促进班主任自己的成长。

一、做一名幸福而智慧的班主任

班主任的承诺

对学生的每一份承诺,班主任应倾尽全力兑现,这是我们作为教育工作者的神圣职责与道德坚守。每一句掷地有声的承诺,都凝结着坚定的信念与厚重的期待,它们不仅是班主任对学生、家长及社会的庄重宣誓,更是肩负责任与使命的坚实行动。承诺不仅是一种信任的象征,更是维系师生关系、激发学生动力的重要因素。

对学生而言,班主任的每一句承诺都是他们心中那盏指引前行的明灯,是他们信赖与依托的坚实后盾。兑现承诺,意味着在学习上严谨求实,不忽视任何一个微小的知识点,尽心尽力帮助学生构建完整的知识体系;在生活中关怀备至,关注学生的成长烦恼,为他们提供温暖的帮助;在能力培养上,积极引导学生发掘潜能,培养其独立思考、解决问题的能力。因此,无论是学习上的悉心指导,还是生活上的细致关怀,只要班主任对学生许下诺言,就必须全力以赴去实现。这不仅有助于塑造学生健全的人格与品质,更能激发他们的学习热情与探索精神,助力他们在求知的道路上勇往直前。对家长和社会而言，班主任兑现承诺是树立良好形象、赢得深厚信任的关键所在。家长将孩子托付给班主任，是对班主任教育能力的充分信任与殷切期望。班主任每一次信守承诺，都是对这份信任的加固与升华。同时，这也将向社会展示班主任的诚信与专业，树立班主任在教育领域的崇高声望。

承诺的兑现，不是一句口号，而是体现在日常教育教学的点滴之中。它是对教育事业的热爱与执着追求的体现，也是作为班主任这一神圣职业对社会责任的担当。唯有言出必行，信守承诺，才能真正赢得学生的尊重与信任，才能让教育事业焕发勃勃生机，为社会培养更多具有高尚品德、扎实学识的栋梁之材。此外，兑现承诺对于班主任来说，更是一种无形的教育资源，能够激发学生的学习热情和上进心。当学生看到班主任为实现承诺所付出的努力和行动时，他们就会更加相信自己的班主任，从而更加积极地投入学习之中。这种积极的学习态度不仅可以提高学生的学习成绩，还可以培养他们的自主学习能力和终身学习意识。

对班主任而言，兑现承诺的过程也是不断提升自己教学能力的过程。为了兑现承诺，班主任需要不断更新自己的知识结构，提高自己的专业素养，以更好地适应学生的学习需求。班主任在兑现承诺的过程中，也要注重培养学生的责任感和担当精神。通过自身的言行示范，让学生认识到承诺的重要性和责任的意义,使他们明白,承诺不仅仅是一种信誉的体现,更是一种对自己行为负责、对他人的信任负责的精神体现。

班主任要引导学生学会珍惜承诺,无论是对自己的承诺,还是对他人的承诺,都应当以真诚之心去践行。班主任要鼓励学生勇于承担责任,不逃避、不推诿,对自己的错误勇于承认并改正。只有这样,学生在未来的生活和工作中,才能更好地融入团队,服务社会。在当今社会,信任与责任是最被看重的品质。班主任不仅要传授知识,更要引导学生形成正确的价值观和人生观。通过兑现承诺,培养学生的责任感和担当精神,使他们成为具有高尚品德和良好行为习惯的人。为了更好地践行承诺,班主任需要不断创新教育方法和手段。结合学生的实际情况,班主任制订更加科学、合理的教学计划和方案,不仅能够提高教育效果和质量,还能为学生提供更好的发展平台和机会。

班主任还要以一种开放包容的心态接纳和尊重每一个学生的独特性和差异性。因为每个学生都有自己的个性特点,班主任要善于发现并挖掘他们的潜能,用个性化的方式去引导他们成长和发展。班主任应当积极培养学生的契约精神,让他们从小明白承诺的严肃性和重要性,从而成长为具有高度责任感和担当精神的公民。在践行承诺的过程中,班主任不仅要身体力行,更要激发学生内在的动力,让他们主动探寻自己的责任和使命,形成良好的人格特质。

班主任要鼓励学生积极参与社会实践活动，深刻理解承诺的价值和实践意义，从而培养"言必信，行必果"的良好品质。在这个过程中，学生不仅会收获知识技能，更会形成健康的人生观和价值观，为未来的成长打下坚实基础。

总之，承诺学生的一定要实现，这是班主任的基本职业道德与责任。只有兑现承诺，才能真正赢得学生的尊重与信任，让教育事业焕发勃勃生机，为社会培养更多具有高尚品德、扎实学识的栋梁之材。同时，也为班主任树立了严谨、诚信的榜样。承诺不只是说出口的言语，更是实际行动的体现，是班主任与学生之间建立深厚信任关系的关键纽带。承诺的兑现，不仅体现在学习方面的言传身教，更展现在生活中的点滴小事上。班主任要以身作则，让学生感受到诚信和责任心，让他们明白：承诺是衡量一个人品格的重要标准。在未来的教育工作中，班主任要时刻铭记"承诺学生的一定要实现"这一原则，以实际行动践行教育理想。

智慧地培养学生

基础教育是智慧萌芽的摇篮,好奇心与探究欲为其初心。智慧地培养是一项综合性的工程,需要教育者与实践者紧密结合,充分发挥学校、家庭、社会等多元教育主体的作用,从多个维度出发,共同塑造具备全面素质的未来人才。班主任致力于将学生塑造成理想中的模样,他们倾注心血,精心雕琢着每一位学生的品质。在关注学生的学习成绩之余,班主任更重视品德修养的磨砺、人格的精心塑造以及实践能力的全方位锤炼。在班级管理工作中,班主任巧妙地融合民主与集中的智慧,既充分尊重学生的个性差异与自主发展，又强调团队协作和集体荣誉感的培养。同时，班主任还密切关注学生的心理健康，帮助学生建立自信，教他们正确面对生活中的挫折与困难，始终保持积极向上的乐观心态。班主任以爱心浇灌学生的心田，以智慧启迪学生的思想。在关注学生个性化发展的同时，班主任尊重每个学生的独特性，发掘他们的潜能，鼓励学生在特长领域展现自我，帮助他们树立自信，实现自我价值。

二、智慧地培养学生

点燃学生心中的信念之灯

新学期,我发现小轩对学习失去了信心。我找到小轩,和他进行了一次深入的谈话。我告诉小轩,每个人都会遇到挫折和困难,但重要的是如何面对它们。为了让小轩重拾信念,我为小轩辅导功课,耐心地解释每个知识点。同时,我还鼓励小轩多与同学交流,拓宽自己的视野。在我的帮助下,小轩的成绩逐渐提高。小轩重新找回了对学习的热情和信念。小轩终于明白了,只有相信自己才能战胜一切困难。照亮前行之路,是每一位教育者的使命与责任。通过悉心呵护和精心培育,让信念之灯燃烧得更加明亮,成为学生人生道路上永恒的指引。

点燃学生心中的信念之灯,照亮前行之路,是每一位班主任的责任与使命。信念,如同黑夜中的明灯,给予学生希望与方向,使他们在求知的道路上勇往直前。班主任需要通过精心设计的教学活动,点燃学生心中的信念之火,帮助他们树立对知识的渴望、对理想的追求以及对自我价值的肯定。班主任应当以深入浅出的方式传授知识,用生动活泼的课堂氛围吸引学生，让他们在探索中掌握知识，发现真理。

作为班主任，要时刻铭记自己的使命，用心去关注每一个学生的成长，用爱呵护他们心中的信念之灯。让他们在信念的照耀下，勇敢前行，不断探索，最终实现自我价值，照亮人生的道路。班主任需要与时俱进，不断更新教育理念，提升教育智慧，以更科学、更人性化的方式点燃学生心中的信念之灯。在传授知识的同时，班主任更要注重培养学生的品格，让他们在全面发展的道路上，坚定信念，塑造自我。

班主任要善于发现每一个学生的独特之处，挖掘他们的潜能，让他们在实现自我价值的过程中，感受到教育的力量和信念的价值。同时，班主任也要鼓励学生走出课堂，参与实践，通过亲身经历去验证信念，提升自己的能力。班主任还要积极搭建平台，让学生能够相互学习、分享和交流，形成良好的学习氛围和团队精神。在相互激励中，让信念之灯燃烧得更加旺盛，照亮他们的人生道路。让学生在学习过程中感受到被关注和被重视，从而更加积极地投入学习之中，勇敢追求自己的梦想。

在培养学生信念的过程中，班主任要注重引导学生独立思考，鼓励他们勇于质疑，敢于挑战，让信念之灯赋予他们探索未知的勇气；还要教会他们如何面对挫折，如何在困难面前保持坚定信念，让信念之灯成为他们人生道路

二、智慧地培养学生

上的坚实依靠。班主任要通过激励和鼓励，鼓励学生不断前行，面对困难不退缩，遭遇挫折不放弃。班主任赞扬他们的每一次进步，肯定他们的才能和潜力，让他们在失败中汲取经验，在成功中保持谦逊。班主任要培养学生的批判性思维和创新能力，让他们在坚定信念的同时，也能够独立思考，勇于探索未知领域。班主任鼓励他们挑战现有的理论，提出新的观点，用创新的思维解决问题。班主任应构建一个宽松、自由、充满探索精神的教学环境，让学生敢于发表自己的见解，勇于展现自己的才华。在这样的氛围中，学生的信念之灯将被点燃，照亮他们前行的道路，引导他们勇敢地探索未知的世界。班主任要引导学生学会合作与沟通，让他们明白团队的力量和价值。通过团队项目和集体活动，培养学生的团队合作精神，让他们在相互帮助和学习中共同成长。

信念之灯的点燃与培育是一项长期和细致的工作，需要班主任具备深厚的学科素养、崇高的人格魅力以及敏锐的教育洞察力。班主任要时刻铭记自己的使命与责任，以爱心、耐心和智慧去呵护每一盏信念之灯，使其在学生的求知旅程中熠熠生辉，成为他们勇往直前的动力源泉。点燃学生心中的信念之灯，照亮前行之路，是每一位教育者的责任与使命。通过精心设计的教学活动，班主任可以帮助学生树立对知识的渴望、对理想的追求以及对自我价值的肯定。班主任通过深入浅出的讲解和生动活泼的课堂氛围，引导学生掌握知识，发现真理，使他们明白知识的力量和智慧的魅力。重要的是，班主任要让学生明白，信念不仅是理想和愿望的寄托，更是需要通过不懈的努力和坚韧不拔的精神来实现的目标。

二、智慧地培养学生

激发学生的学习热情

在我接手一个班级之初,班里的学生学习态度散漫,课堂纪律亟待整顿,学习兴趣更是无从谈起。家长缺乏参与,对孩子的教育漠然置之,我深知责任重大,并未因此气馁。学习兴趣的培养,也是我工作的重心之一。我精心设计了丰富多彩的课外活动,创设情境教学,让学生在实践中感受学习的魅力与实用。鼓励学生博览群书、深入思考、积极交流,培养他们的学习兴趣与自主学习能力。随着时间的推移,课堂纪律焕然一新,学生的学习态度发生了翻天覆地的变化。他们开始主动学习,积极探索,享受知识带来的快乐。家长的态度也随之转变,开始关注孩子的学业,积极参与家校合作,共同助力孩子的成长。在这个过程中,我始终相信,只要我们齐心协力,必定能够攻克难关,实现班级的蜕变。最后,当这个班级成绩荣登年级之巅时,我深感欣慰与自豪。班主任的角色不仅仅是传授知识,更在于激发学生的学习热情,引导他们发现学习的乐趣,帮助他们找到适合自己的学习方法,培养自主学习能力和终身学习意识。

作为一名班主任，我们肩负着培养下一代的重任。为了更好地完成这一使命，班主任需要不断反思自己的教学方法和策略，总结经验教训，提高自己的教学水平。班主任要以饱满的热情和责任心，浇灌每一个学生心中的希望之芽，让他们在知识的海洋中茁壮成长。班主任要时刻铭记，班主任的影响力远超过课堂。班主任的每一次教诲、每一次鼓励，都可能成为塑造学生未来的关键力量。因此，班主任要以更高的标准要求自己，用真诚和热情感染每一个学生，激发他们的潜能和创造力。

班主任可以通过组织学生参与课外活动、竞赛等方式，拓展学生的学习领域，激发他们的学习兴趣。这种方式能够让学生获得在课堂上无法获得的知识和技能，拓宽视野，增强学习动力。同时，班主任还可以通过开展实践性教学，引导学生将理论知识应用到实际生活、学习中，增强学习的趣味性和实用性。

班主任还需要鼓励学生之间的合作与交流。班主任可以组织学生开展小组项目，让他们在共同解决问题中学会沟通与协作，提高团队协作能力。同时，班主任还应积极营造比较宽松、自由的课堂氛围，允许学生发表自己的意见，尊重他们的观点，激发他们的创新思维。班主任要关心学生，了解他们的喜好和兴趣，尊重他们的个性和差异，鼓励他们积极参与课堂活动。通过互动和交流，班主任可

二、智慧地培养学生

以增进学生对班主任的信任和尊重,从而激发他们的学习热情。班主任还可以通过组织小组讨论、角色扮演等活动,让学生在轻松愉快的氛围中学习,减轻学习压力,提高学习效果。班主任可以通过引导学生制订学习计划、培养良好的习惯和方法,以及提供丰富的学习资源等方式,促进学生的自主学习。这种方式能够让学生更好地掌控自己的学习进程,提高学习效果,增强学习自信心,进而激发他们的学习热情。

班主任要善于运用教育心理学、多元智能理论等先进理念,充分了解并尊重每个学生的个体差异,因材施教,确保每个学生都能在适合自己的环境中学习。在评价机制方面,班主任应构建一套公正、公平且富有激励性的评价体系,通过多元化的评价方式,如作品创作、项目实施、自我评价与同伴互评等,让学生充分认识到自己的优点和不足,从而有针对性地改进和提高。班主任的作用远不止于传授知识,更在于点燃学生求知的火焰,激发他们的学习热情,培养他们的创新思维和批判性思考能力。让我们携手并进,共同为学生的未来努力拼搏,用热情与智慧书写教育的华章。

让学生更聪明

从学术角度来看，聪明的学生通常具备好奇心、求知欲和探索精神，他们喜欢提出问题并积极寻找答案，对新知识有着强烈的兴趣和热情。他们有着良好的观察力、注意力和记忆力，能够快速地掌握新知识和技能。从情感和社会交往角度来看，聪明的学生还善于与人沟通、合作和分享。他们能够理解并尊重他人的观点，有良好的同情心和社交技巧，能够与他人建立良好的关系。从创新思维和实践能力角度来看，聪明的学生有着丰富的想象力和创造力，能够独立思考、发现问题并提出创新的解决方案。聪明的学生有着良好的动手能力和实践能力，能够将理论知识应用到实际生活中。从心理素质和情绪管理角度来看，聪明的学生也具备较好的情绪调控能力和挫折承受力。他们能够积极面对生活中的挑战和困难，善于从困境中寻找机遇，拥有较强的心理韧性。从道德品质和社会责任感角度来看，聪明的学生注重他人和社会，关心环境，尊重他人，勇于承担社会责任。他们不仅在学习和生活中

二、智慧地培养学生

表现出色,更会积极参与社会事务,成为推动社会进步力量。

班级的氛围和教学方式更有利于激发他们的智力潜能。在班级授课的过程中,班主任可以根据每个学生的特点,采用针对性的教学方法,从而让每个学生都能得到最好的发展。此外,班级授课还可以激发学生之间的竞争和合作意识,让他们更好地发挥自己的优势,进一步激发他们的学习热情。每个学生都有自己独特的才华和兴趣,发展方向各异,因此班主任应该尊重并发掘每个学生的独特之处,引导他们全面发展,充分发挥他们的潜力。聪明的学生还体现在他们对知识的渴望和对自我提升的追求上。他们不仅在课堂上表现出色,能够迅速掌握各学科的核心概念和应用技巧,而且还积极参与课外学习活动,如参加学习俱乐部、社团组织、艺术表演等,通过这些活动拓展自己的视野和思维,丰富自己的人生阅历。

现代班级教学理念不仅注重个性化教育,提倡因材施教,还结合现代教育技术手段,如数字化教学、项目式学习等,使得传统课堂更具活力与创新性。这种模式鼓励班主任在关注全体学生的同时,还兼顾每个学生的个性化需求,让智慧的种子得以充分发育。班主任会积极推动启发性教学,营造轻松活跃的课堂氛围,让学生敢于提问、勇于挑战,充分发挥主观能动性,从而点燃他们对知识热爱和对未来憧憬的火焰。在这种环境中,学生不仅掌握了丰富的知识，更学会了独立思考、解决问题的方法。班级授课还为学生提供了丰富的资源和平台，让他们可以与不同背景、不同领域的人交流和合作，进一步拓展了他们的视野和思维。

班主任教会学生合理安排时间，使学生能够在学习和娱乐之间找到平衡点，既能保证学习成绩优秀，又能享受休闲娱乐带来的乐趣。班主任引导学生制订计划并为之付出努力，无论是短期的学习任务还是长期的人生目标，都能有条不紊地推进。

班主任教会学生在对待学习时态度必须是充满热情和主动的。让他们明白，学习是一个不断积累的过程，只有不断地学习和探索，才能让自己更加聪明。让他们懂得如何与他人合作和交流。让他们明白，一个人的力量是有限的，与他人合作和交流可以让自己得到更多的帮助和支持，从而更好地完成任务。让他们知道，学习不仅仅是为了获取知识，更是为了提升自己的能力、素质，为了更好地适应社会的发展。让他们懂得如何分析和解决问题，并具备批判性思维能力。在人际交往中，让他们懂得尊重他人、关心他人，并具备良好的同理心。让他们懂得如何倾听他人的意见和建议，并能够用合适的方式表达自己的观点和情感。在面对困难和挑战时，应该展现出坚韧不拔的精神风貌和积极乐观的人生态度，让他们相信通过勤奋努力和持之以恒的训练，自己能够克服几乎所有的难关。让他们

二、智慧地培养学生

明白,即使遭遇失败,他们也可以从中吸取教训,总结经验,然后再次勇往直前。

班主任要训练聪明学生的创新能力和创造力,让他们不满足于现状,不断思考如何改进和优化身边的事物,提出新的想法和解决方案。这种创新和创造力不仅体现在学习上,也体现在生活中。班主任教会他们懂得如何保持身心健康。让他们注重饮食健康,喜欢参加体育运动和户外活动,让自己保持充沛的精力和良好的心态。让他们明白,身体健康是学习的基础,心理健康则是快乐成长的保障。培养他们的责任感和自信心,让他们明白自己的责任和义务,愿意承担责任并为之付出努力。让他们相信,自己能够完成任务,实现自己的目标。让他们明白,失败是成功的另一面,没有失败也就没有成功。因此,他们在面对失败时,不会选择逃避或放弃,而是以积极的心态面对,从中汲取经验和教训。例如,当他们在学习中遇到困难或错误时,他们会把它视为一个宝贵的机会,正视自己的不足,并从中吸取经验教训,从而更好地掌握知识和技能。班主任应培养他们的适应性和灵活性,使他们能够适应不同的环境和情境,灵活地应对各种挑战和变化。让他们明白,生活是充满变数的,只有不断调整自己,才能更好地适应变化。例如,他们会根据自己的实际情况调整学习方法和计划,灵活地应对各种挑战。

让班级的学生更聪明并非难事。这与班级的氛围、教学方式以及激发学生智力潜能的综合因素相关。为了更好地培养下一代，班主任需要不断探索和创新，为学生提供更优质、更公平的教育机会。

二、智慧地培养学生

让学生的左右脑均衡发展

现代教育理念强调教育的目标应该是培养全面发展的人，包括培养学生的智力、情感、社交等方面的能力。左脑被誉为"学术的殿堂"，擅长逻辑推理、数字分析以及语言处理等抽象思维活动；而右脑则是"创造的源泉"，在艺术创作、模式识别以及空间想象等方面发挥作用。左右脑的均衡发展是现代教育理念强调的一个重要教育目标。班主任要充分认识并利用左右脑的各自优势。

左脑主要负责语言、逻辑、分析、数学等方面的工作，具有连续、累积、渐进的认知方式。因此，在教育过程中，班主任应重视培养孩子的语言表达能力，鼓励他们多阅读、多写作，提高逻辑思维能力，并注重数学等学科的基础知识教学，以扎实的知识体系构建学生的逻辑思维框架。右脑则主要负责人脸识别、音乐、空间、想象等方面的工作，具有整体、并行、直觉的认知方式。在教育过程中，班主任应注重培养学生的音乐素养和空间想象力，让他们在艺术和创造性的活动中得到锻炼。通过团队协作、情感沟通等活动，激发学生的右脑潜能，促进情感发展和人际交往能力。为了实现左右脑的均衡发展，现代教育强调在教育过程中要兼顾左右脑的不同功能，并采取科学合理的方法加以激发。教育活动应当充分关注每个学生的个体差异，坚持因材施教的原则，根据每个学生的特点和兴趣，量身定制左右脑均衡发展的教育方案。例如，对于逻辑思维出众但创造力稍显薄弱的学生，班主任应提供更多参与艺术实践和创新项目的机会，以激发其右脑的潜能；而对于右脑发达但逻辑思维有待提升的学生，则鼓励他们积极参与辩论、写作等锻炼左脑的活动，以完善其知识结构。

在培养孩子的逻辑思维能力时，班主任可以通过阅读、写作、数学等学科的教学，激发学生的分析、推理、归纳等思维能力。为了增强学生的空间想象力和音乐素养，班主任可以在教育中融入美术、音乐等艺术课程，让学生在欣赏和创作的过程中锻炼右脑的功能。班主任也要注重培养学生的创新能力，通过引导孩子进行实验、探究等活动，激发他们的创新思维和创造力，为他们的未来发展打下坚实的基础。

现代教育理念强调在教育过程中要注重学生的个性化需求和兴趣发展。因为每位学生都是独一无二的个体，他们的智力、兴趣和潜能有所不同。所以在教育的过程中，班主任应该关注学生的智力、兴趣和潜能，为他们提供多样化的学习资源和活动机会，让他们在自己感兴趣的领域中得到充分的发展和锻炼。为了实现这一目标，班主任需要了解学生的个性特点和兴趣爱好，针对性地为他们提供学习资源和指导。通过这种方式，班主任可以帮助孩子更好地发挥自己的优势和潜能，实现全面发展。

现代教育技术也为实现左右脑均衡发展提供了强有力的支持。利用多媒体教学、虚拟现实技术、在线学习平台等学习工具，班主任可以为学生打造更加丰富多元的学习体验，同时结合左右脑的不同认知特点，定制个性化的学习方案。例如，借助AR技术或VR技术，学生可以在三维空间中进行沉浸式学习，既锻炼了左脑的逻辑推理能力，又激发了右脑的空间想象和创造力。

此外，现代教育理念还强调了家庭教育的重要性。家长在教育过程中起着至关重要的作用，他们的教育观念、教育方式和家庭环境都会对孩子的成长产生深远的影响。为了更好地实现学生全面发展目标，家长需要不断学习和探索适合自己孩子的教育方法。家长可以参加各种教育讲座、研讨会和工作坊，了解最新的教育理念和教育方法，掌握更科学、更有效的教育技巧。在这些活动中，家长可以与教育专家和其他家长交流经验，了解不同的教育方法和策略，从而为自己的孩子提供更优质的教育。同时，家长还应该注重与孩子的沟通和交流。在与孩子沟通时，家长应该尊重孩子的意见和建议，鼓励孩子表达自己的想法和感受，从而建立更加亲密和信任的关系。

现代教育理念提倡教育公平与质量并重。在教育资源配置和教育机会上，应充分考虑不同学生的需求，确保每个学生都能享受到高质量的基础教育。这意味着教育不仅要关注学生的学习成绩，还要注重培养学生的道德品质、心理素质和审美能力等。在教育过程中，班主任应遵循公平公正的原则，关注每个学生的成长和发展，确保每个学生都能在教育中获得公平的对待和高质量的教育。在评价体系上，班主任应摒弃传统的单一评价标准，转而倡导多元化、全面的评价方式。通过将学生在艺术、体育等非学术领域的表现纳入考量范围，班主任可以更全面地评估学生的综合素质，鼓励他们在左右脑不同的领域都能积极参与，实现全面发展。

二、智慧地培养学生

没有唯一的答案，只有更好的答案

"没有唯一的答案，只有更好的答案"体现了人类认知过程的一种重要观念，即承认事物的相对真理性和解答问题的多样性。"没有唯一的答案，只有更好的答案"，因为生活的复杂性和多元性决定了问题的多解性。这种复杂性体现在学生生活、学习的各个方面，无论是个人决策还是社会现象，往往都呈现出多种可能性。面对困难和挑战时，每个人都会基于自己的背景、经历、知识和视角，从自己的角度提出解决方案。这些方案可能各不相同，甚至有时看似相互矛盾，但它们都是基于自己的认知和经验得出的。没有固定的顺序或必然的结果，学生通过试错、探索和实践，寻找最符合当下情境、最符合个人价值观和生活目标的答案。

"没有唯一的答案，只有更好的答案"恰恰是生活丰富性和复杂性的一种体现。正如莎士比亚说过的："一千个读者眼中有一千个哈姆雷特。"每个学生眼中的最佳答案都是基于自己的经历、情感、认知和价值观所构建的独特视角。

因此，班主任应该尊重并欣赏这种多元性，积极倾听他人的声音，从中汲取智慧和启示。这种多元性和复杂性，犹如一幅丰富多彩的画卷，展现了生活无穷无尽的可能性与挑战。它犹如一曲跌宕起伏的交响乐，充满了未知与变数，每一刻都充满紧张与刺激。正是这种多元性和复杂性，让学生对未来充满了期待和好奇，也让学生更加珍惜当下的每一个瞬间。面对困难和挑战时，学生不应该被固定的思维模式或既定的观念所束缚，应该以开放的心态接纳各种不同的观点和解决方案，并从中寻找最符合当下情境、最符合学生个人价值观和生活目标的答案。这种探索和实践的过程，不仅让学生更加深入地了解自己，也让学生更加敏锐地洞察世界。

这种多元性和复杂性对于学生的成长和进步具有重大的意义。每一次挑战和困境都是一次成长的机会，都是一次了解自己、提升自己、充实自己的过程。学生应该以积极的态度面对这些机会，珍惜这些机会，不断探索和实践，让自己变得更加坚强和勇敢。"没有唯一的答案，只有更好的答案"恰恰是生活的美好之处，也是学生不断追求和前进的动力。因为生活的复杂性和多元性往往让班主任的决策和行动产生不同的结果和影响。这种不确定性为学生提供了探索和创造的空间，也让学生更加深入地了解生活的多样性和丰富性。

在实践中，班主任不断调整和完善决策，以实现更好

二、智慧地培养学生

的结果。因此，寻找更好的答案不仅需要学生理性地分析问题，合理地运用知识和经验，还需要深入地了解自己，明确自己的价值观和目标，以便在复杂多元的现实世界中找准自己的定位。寻找更好的答案过程中，学生可能会遇到挫折，可能会犯错误，但这都是成长的过程，都是推动学生进步的动力。学生应该勇于迎接这些挑战，把它们视为了解自己、提升自己、充实自己的机会，而非仅仅看作是一个问题的解决或一个任务的完成。因为在寻找最佳答案的过程中，学生收获的成长和体验是无法衡量的。在这个过程中，学生不仅提升了个人的能力和智慧，还对自己和世界有了更深刻的理解和感悟。这种成长和体验无论是成功还是失败，都是他们人生旅程中宝贵的财富。它们塑造了学生独特的人格特质，成就了他们独特的人生观。

不要僵化背诵教科书

教科书作为知识的重要载体，承载着人类文明精华与智慧结晶，但教科书所包含的信息只是冰山一角，真正的智慧往往隐藏在问题的深处，需要学生挖掘、探索。一个人的眼界开阔程度、对世界的洞察力以及创新思维活力，往往源自对问题的独立剖析和对现实世界的深入理解。教科书虽承载着丰富的知识，但学生有时难以真正领悟其中的精髓。学生应通过广泛阅读、深入研究与实践活动，将知识内化于心，外化于行。

班主任应当告诫学生，切勿机械地拘泥于教科书的文字背诵，而应怀揣一颗渴求知识的心，主动探索，深入理解其中的精髓。鼓励学生翻开教科书，并非为了让他们逐字逐句地铭记于心，而是要启发他们领悟其中的概念与深邃思想。相较于单纯背诵，班主任更应该引领他们开动脑筋，思考并剖析书中的深意，激励他们勇于提出疑问，不断追寻答案的踪迹，并用自己的话语诠释教科书中的观点。如此，学生不仅能够深化对知识的认知，更能锻炼批判性

二、智慧地培养学生

思维与解决问题的能力，为以后的学术研究与人生实践奠定坚实基础。

在学习过程中，善于思考与提问至关重要。通过不断提出问题并寻找答案，能够更加深入地洞察知识的本质。同时，还需要培养独立思考能力，不盲从教科书中的观点，而是进行批判性思考，挖掘其背后的逻辑与深意。理论与实践并重，方能体现知识的真正价值。理论知识是基石，但唯有将其应用于实际生活中，方能检验其真实性与有效性。学生应尝试将教科书中的知识融入日常生活，通过解决实际问题、参与项目实践等方式，巩固和拓展所学内容。这种独立思考的能力，包括但不限于分析问题、推理判断、抽象概括等方面，能够帮助自己拨开表象迷雾，直抵事物的本质。因此，学生需要摒弃死记硬背的学习方式，转而关注能力的提升。知识固然重要，但如何运用知识解决问题更是关键。智慧并非简单的信息堆砌，而是要运用知识进行创新思考，找到独特且有效的解决方案。这个世界需要的是能解决问题的人，而非只是储存知识的人。知识的价值在于其在实践中的应用效果，智慧则是在知识得到验证的过程中闪耀光芒。

教育的终极目的并非仅仅让学生记忆教科书中的片言只语，更在于培养他们的思维活力、解决问题的能力以及树立终身学习的理念。唯有如此，学生方能在未来的生活与工作中游刃有余，取得辉煌成就。因此，班主任需要积极引导学生开展自主学习与合作学习，通过组织讨论、案例分析、项目研究等丰富多彩的活动，让学生在互动与交流中深化对知识的理解与应用。同时，鼓励学生投身社会实践与实验操作，通过亲自体验与实证研究，检验并巩固所学知识，从而提升学生的实践能力与创新精神。此外，培养学生的自主学习能力同样重要，应引导他们制订学习计划、管理学习时间、调整学习策略，以适应不断变化的学习环境与任务需求。

培养学生的批判性思维，鼓励他们勇于质疑既有的观点和做法，善于求解未知的问题。这意味着在复杂的事物中洞察本质，在矛盾中寻求和谐，在困境中寻找出路。用这样的眼光看世界，才能更好地适应变化。同时，学生要保持对世界的好奇心和热爱。在这个浩瀚无垠的宇宙中，人类的知识犹如沧海一粟，只有不断探索未知、追求真理，才能拓宽视野、提升自我。班主任应当鼓励学生超越课本，走出课堂，体验生活，接触更多的人，倾听不同的声音，观察周围世界的多样性和复杂性；让学生明白，知识不仅仅来自书本，更来自对生活的观察、理解和感悟。班主任还要重视培养学生的创新精神和实践能力，鼓励他们勇于尝试、敢于挑战新鲜事物，不畏艰难险阻，始终保持对新鲜事物的好奇心和探索精神。只有这样，他们才能在未来的生活中立足，为社会的发展贡献自己的力量。

班主任应该引导孩子正确对待知识，树立正确的人生

二、智慧地培养学生

观和价值观。不仅要注重知识的传授,更要注重人格的塑造和品德的培养。让学生明白,做人比做事更重要,品德比知识更宝贵。品质是一个人立足社会的根本,只有具备良好品德的人,才能在社会中得到尊重和认可。因此,班主任应该注重培养学生的道德素质和人文情怀,让他们在掌握知识的同时,也懂得如何做人、如何处世。

让书变得生动起来

小尚是一个顽皮的学生,对书籍总是持漠然甚至抵触的态度。我试着把一本书递到小尚手中,并说道:"孩子,只要你怀揣一颗真诚的心去感知这本书,它便会为你展现一个鲜活的世界。"小尚带着几分好奇,接过书,开始缓缓翻阅。他逐渐地发现那些原本静止的文字,仿佛被赋予了生命,一个个鲜活的人物展现在眼前。在这个奇妙的世界里,他惊喜地发现,每一本书都如同一个独立的宇宙,并非只是静止的文字,而是有生命的存在,蕴含着无穷的智慧和情感。只有当学生用心感受、体验,才能揭开图书神秘的面纱,领略到其中的真谛。那些栩栩如生的人物,也将在学生的心灵深处留下永恒的印记,成为学生人生旅途中最宝贵的财富。

让书变得生动起来,不仅仅是引导学生对知识的渴望,更是引导学生对学习的热爱和追求。在学生的日常生活中,书是知识的海洋,是智慧的源泉。学生不能仅仅满足于用眼睛看书,用脑子记忆书中的知识。这样的读书方式,虽

二、智慧地培养学生

然能够让学生获得一定的信息,但这些知识往往是死板的、缺乏生命力的。让书变得生动起来,需要学生用心感受书中的每一个字、每一个词、每一句话。学生需要把自己的经验和情感融入书中,体验书中的情节和人物,让心灵触摸那些跳动的文字,触摸那些历史的痕迹,触摸未来。让书变得生动起来,学生需要发挥自己的想象力,填充作者留下的空白,创造未完的故事,描绘绚丽的画面。

让书变得生动起来,也是一种对生活的热爱和追求。因为只有生动的书,才能让学生感受到生活的美好,才能让学生领悟到人生的真谛。让学生带着这份热爱和追求,探索未知的世界,寻找隐藏的真理,创造未来的奇迹。让书变得生动起来,需要学生用心感悟、体验。

让书变得生动起来,需要学生在阅读中积极投入,与作者进行心灵的对话。学生要学会从书中汲取智慧,更要将书中的知识融入到自己的生活中。让书中的生动情节和深刻哲理,成为学生人生的宝贵财富和前行道路上的坚实基石。让书变得生动起来,还需要学生通过实践去证明理论的真伪,将书中的知识运用到现实生活中。只有将知识付诸实践,才能真正体验到书的生动与活力,也才能让学生更加热爱生活,更加执着于追求人生的真谛。让学生怀揣着这份对知识的执着与热爱,用心感悟、体验、创造,让每一本书都变得生动有趣,让每一个故事都如诗如画,让每一次阅读都成为一次心灵的洗礼与人生的升华。让书变得生动起来，不仅仅是一种对知识的渴望，更是一种对生活的热爱和追求。让学生用生命阅读，用阅读丰富生命，让书成为学生人生的伙伴，引领学生走向更加美好的未来。

让书变得生动起来，还需要学生与他人分享和交流。通过组织或参与读书会、研讨会等活动，学生可以与他人深入探讨书中的内容和感悟，激发彼此的思维火花，共同创造一个充满活力和创意的学习氛围。在这个过程中，学生不仅能够丰富自己的知识体系，还能够结识志同道合的朋友，共同成长和进步。学生可以尝试角色扮演的方式，用自己的理解和情感体验书中角色的生活、情感和经历。这样不仅可以加深对书中内容的理解，更能激发学生的想象力和同理心，让学生更加深入地感受书的魅力。讨论和分享也是让书生动起来的重要方式。通过与他人的交流和讨论，学生可以获得更多的视角和见解，也能更好地理解书中的内容。此外，将书与现实生活相结合，能使阅读体验更具生动性和针对性。例如，在阅读历史、科学或社会现象类型的书籍时，可以尝试将书中所描述的情境与现实世界中的类似现象进行对比，以加深学生对抽象概念和复杂理论的理解。这种联系实际的做法同样能激发学生的好奇心和探索欲望，促使学生深入挖掘书籍背后的深意。

利用现代科技手段也能让书活起来。如今，有许多应用程序和平台提供了AR、VR等先进技术，使得阅读不再局限于文字层面。通过这些技术，可以将书中的场景、人

二、智慧地培养学生

物,甚至整个故事世界立体化地呈现出来,学生仿佛身临其境般地走到书中。这种沉浸式的阅读体验无疑极大地丰富了学生的感官世界,使阅读变得更加生动有趣。另外,尝试改变自己的阅读节奏,也可以让书生动起来。

让书生动起来,让学生在智慧的海洋中遨游,不断汲取知识的力量,充实自己。让书成为学生人生的伙伴,陪伴学生走过每一个阶段,见证学生的成长与蜕变。让学生一同踏上这奇妙的学习之旅,让书中的知识真正活起来,为学生的生活增添色彩与活力。通过与书的深度对话,学生不仅能够拓宽视野,提升思维能力,更能在书中找到人生的导师和朋友,共同经历成长和蜕变。书中的智慧如同明灯,照亮学生前行的道路,让学生在面对困难和挑战时,能够从中汲取力量,找到解决问题的新思路和新方法。

锻炼学生的思维能力

班会时班主任以生动有趣的方式提出了一个个问题。学生纷纷开动脑筋，积极思考，他们有的低头沉思，有的互相讨论，有的则在纸上不停地写着什么。每个学生都全身心地投入了这场思维的盛宴中，他们享受着思考带来的乐趣，体验着解决问题的成就感。其中，一个平时不太爱说话的学生小华，在这次比赛中展现出了惊人的思维能力。当他站起来回答问题时，他的眼中闪烁着坚定和自信的光芒。他条理清晰地表达了自己的想法，赢得了老师和同学的阵阵掌声。平时不太爱说话的小华，在这次比赛中找到了自信和勇气。他开始主动和其他同学交流，分享自己在思考过程中的心得。

锻炼思维，是智力成长道路上的一盏明灯，它照亮学生前行的道路，帮助学生跨越智慧的鸿沟。通过不断地训练与挑战，学生的分析、判断、推理以及解决问题的能力可以得到显著增强，使学生愈发聪慧、敏锐和富有创造力。在这场思维之旅中，学生需要巧妙运用多样化的思维工具

二、智慧地培养学生

与策略。

逻辑推理，如同稳健的航标，指引学生透过纷繁复杂的信息迷雾，发掘事物间的内在关联，以清晰的逻辑链条推导出合理的结论，用理性之光照亮独立思考的道路，正确区分事实与观点，形成独立自主的评判能力。创新思维如同一道闪电，照亮了学生思维的黑暗角落，鼓励学生勇敢打破常规，探索未知领域，以全新的视角审视世界，催生无限可能。系统思维则赋予学生纵观全局的慧眼，让学生能够把握问题的整体脉络，洞悉各部分间的相互关联，从而制定更为全面、精准的解决方案。为了充分发挥这些思维工具与策略的作用，班主任需要付诸实践，将其融入学生的日常学习中。坚持每日阅读、写作、参与辩论和攻克数学难题等脑力锻炼活动，不仅能提升学生的思维能力，还能丰富学生的知识储备，拓宽学生的认知视野。而保持对新知识的学习热情，积极参与讨论交流，不断挑战自己的思维极限，是学生通往智慧之巅的必经之路。

其中，逻辑推理能力的培养至关重要。逻辑推理是一种严谨的思维方式，它能帮助学生建立事物之间的联系，通过已知的前提条件，运用正确的逻辑形式，推导出合理的结论。而批判性思维同样不可或缺。批判性思维是指对事物进行理性、深入地分析和评估，不盲从、不偏见，能够独立思考，正确辨别事实与观点，对于形成独立自主、明辨是非的能力具有深远影响。此外，创新思维同样占据重要地位。创新思维鼓励学生打破常规，敢于尝试新的可能性，勇于突破原有的认知框架，形成新的观点、方法和解决方案。系统思维也是一种重要的认知策略，要求学生将问题置于整体系统中进行考量，看到问题的各个部分之间的相互影响和依赖关系，从而更全面、准确地认识问题并采取有效的应对措施。

在锻炼思维的过程中，情商的培养同样不容忽视。情商代表了情感智慧和能力，涉及自我情绪认知、情绪管理、人际交往以及应对情绪挑战的能力。高情商的人在面对复杂问题时，能更好地调整心态、理性应对，从而在解决问题过程中保持清晰思维和高效行动。因此，为了提高智力水平和全面增强各项思维能力，学生需要综合运用各种思维工具和策略，包括但不限于逻辑推理、批判性思维、创新思维、系统思维以及情商培养等。因此，在提升智力水平的道路上，班主任还需要将情商培养与逻辑思维、批判性思维、创新思维和系统思维等策略相结合，共同构建学生强大的思维武器库。

思维工具和策略并不是孤立的，它们在实际应用中相辅相成，共同促进思维的全面提升。逻辑推理能够帮助学生梳理信息，构建清晰的事实基础；批判性思维则教会学生独立思考，多角度审视问题，避免盲目接受权威观点；创新思维启发学生寻找新的解决方案，突破常规框架，实现创意突破；系统思维让学生学会把握整体与部分的关系，

二、智慧地培养学生

理解并分析复杂系统的运动规律;情商培养则确保学生在思维锻炼的过程中,同时提升人际交往能力和自我管理技巧,更好地实现知识、智慧和情感的和谐统一。

通过阅读讨论和辩论等方式拓宽学生的视野和知识面是提高逻辑推理能力和认知能力的关键途径;注重实践,勇于表达自己的观点和想法,学会自我反思和总结,尝试不同的思维训练方法,并保持对新鲜事物的好奇心和求知欲,这些都是锻炼思维的重要策略;学会自我反思和总结则是持续改进和提高的关键步骤。通过这些方法,班主任可以不断地优化自己的思维方式和策略,从而更有效地锻炼和提升思维能力,实现学生的成长和发展。锻炼思维,需要班主任不断地思考与探究、阅读与交流、实践与反思,并充分利用现代信息技术为学生提供的便利。只有这样,学生才能不断提升自己的思维能力和综合素质,为学生的成长和发展奠定坚实基础。

让学生的思维更敏锐

小栋的学习成绩不尽如人意。我给他出了一些难题，小栋被这些难题吸引了，开始认真地思考起来。我看着小栋，微笑着说："你要学会敏锐地思考问题，这样才能让你的思维更敏捷。"小栋听了我的话，开始努力地思考问题。小栋发现，当他用心去思考问题时，他的思维变得清晰了，也能够更快地找到问题的答案。从那以后，小栋开始用心地去思考每一个问题。小栋的成绩逐渐提高，思维也变得更为敏锐。我开始教授小栋一些逻辑推理的方法，引导他分析和解决问题。随着小栋的思维逐渐敏锐，他的学习成绩也得到了显著的提高，人也变得更加自信，敢于面对各种挑战。

要让学生的思维更为敏锐，必须倾注心力培养其观察力、分析能力和判断力。观察力，无疑是敏锐思维的基石。一个具备敏锐观察力的人，能更深入地洞悉问题的根源，从而引发深刻的思考。因此，班主任应鼓励学生关注生活中的每一个细节，勤于提问，勇于探索，借此锻炼他们的

二、智慧地培养学生

观察能力、分析能力。善于分析的人，能够透过复杂的现象，揭示出问题的本质，从而找到解决问题的关键。班主任应引导学生运用多元化的思维方式和方法，如批判性思维、系统性思维等，锤炼他们的分析能力。

观察力，犹如一盏明灯，照亮我们前行的道路。在这个日新月异、信息如潮水般涌来的时代，海纳百川的知识储备和独树一帜的见解对个人的发展尤为重要。如果要培养学生的一种习惯，那就让学生在日常生活中始终保持对周围事物的敏锐观察。不仅仅是用眼睛观看，更要用心灵感知、体会。观察身边的细节，即使是生活中的琐碎小事都应该以一种全新的视角审视。同时，学生还需要学会在观察中思考，在思考中观察。观察力的培养是一个不停锻炼的过程，需要学生持之以恒地实践、体会。只有将观察与思考紧密结合，才能真正提升学生的思维敏锐度，让他们在各种场合中都能够脱颖而出。

学生的分析能力，是他们在思考过程中展现的一种宝贵素质。它表现为学生能够深度剖析问题，以理性且客观的态度看待各种事物，并能精准捕捉问题的核心要素和关键节点。在面对复杂的社会现象和学习难题时，学生应具备透过现象看本质、从局部透视全局、从细微之处洞察趋势的敏锐洞察力。当下，知识更新换代日益加速，信息真假难辨，对学生而言，拥有卓越的分析能力对其以后的学习与职业发展具有重要意义。在分析问题的过程中，学生需要深入剖析问题的内在逻辑，并灵活运用科学合理的推理方法，而跨学科知识和技术手段的运用，可为分析活动增添更多维度的思考和见解。

在学校教育实践中，班主任可以通过引导学生进行自主探究、组织讨论交流、布置开放性作业等教学手段，有针对性地锻炼学生的分析能力。这样可以使学生在实践中不断积累经验，提升分析技能，为他们的未来发展奠定坚实基石。此外，分析能力还体现在学生对自身学习进度和效果的反思与评估上，可以通过深入分析自己在学术领域的优势与不足，制订更精准的学习策略，选择适合自己的学习方法，合理调整学习节奏，从而实现学习效果的持续提升。为了培养具备优秀分析能力的学生，班主任在日常教学中应积极践行以学生为主体的理念，充分激发学生的主观能动性。班主任需精心构建丰富多元的学习情境，让学生在实践中锻炼分析问题能力，学会运用批判性思维审视问题、假设情境、收集信息、推理判断，并最终形成具有深度的结论。同时，班主任还应注重培养学生的创新思维，鼓励他们在分析问题的过程中敢于提出新观点、新方案，培养他们独立开创的精神。

在日常的学习生活中，学生的判断能力以其独特的魅力展现着无穷的可能性。作为班主任，应当鼓励学生勇敢质疑，敢于挑战既定观念，培养他们运用理性思维和判断力分析问题，而非盲目追随权威，也非轻易放弃自己的立

二、智慧地培养学生

场。唯有在充分证据的支撑下,学生方能形成独立且深刻的见解。此外,学生的判断能力还渗透于情感态度和价值观的塑造之中。让学生学会换位思考,尊重他人的权利和需求,在权衡个人与社会利益的基础上,做出符合公共道德和法律法规的行为选择。在人际交往中,学生应尊重异见,通过理性的对话和协商达成共识,以包容和开放的心态促进团队和谐与发展。

培养学生的敏锐思维是一项系统工程,需要班主任从多个维度切入。鼓励学生广泛阅读,以开阔视野,汲取不同文化的精髓,培养思维的广度和深度;提供丰富多元的学习体验,让学生在不同领域探索与尝试,激发其求知欲和创新精神;鼓励学生积极参与讨论和辩论,学会倾听并尊重不同意见,以培养其批判性思维和独立思考能力。不仅要注重培养学生的观察力、分析能力和判断力,还要为他们提供丰富多元的学习资源和体验,激发他们的好奇心和求知欲。唯有如此,班主任才能培养出具备敏锐思维和创新能力的人才,为社会的繁荣与发展贡献力量。

引导学生善于发问

学生作为未来的舵手与希望的火种,他们的一言一行、一思一感,无不深刻地烙印在社会进步与发展的轨迹上。特别是那些天生爱问的学生,如同璀璨的星辰,在知识的夜空中熠熠生辉。这类学生的问题如同深邃的宇宙,涵盖了从宏观到微观的广阔领域。无论是探寻自然奥秘,还是挖掘社会现象的根源,他们的好奇心犹如熊熊燃烧的火焰,照亮着人类探索未知的道路。他们不仅仅是不满足被动地接受知识,更是勇于挑战权威,敢于质疑,积极寻找真理的勇士。

这类学生的眼中总是闪烁着对外部世界无限好奇与探索的光芒。他们的问题犹如一把把精心磨砺的钥匙,灵活地开启一扇扇通往未知领域的大门,让自己在知识的浩渺海洋中尽情畅游。他们提出的问题往往直击要害,能够引导我们深入思考、挖掘真相。他们的成长道路上,每一个问号都是成长的足迹,每一个惊叹号都是对知识的赞叹。他们的世界因为好奇与探索而变得更加丰富多彩。每一个

二、智慧地培养学生

新的问题都是对世界的重新解读,每一个新的答案都是对知识的全新认识。在这个过程中,他们学会了以开放的心态接纳新知,以包容的态度看待不同观点,从而形成了独特而丰富的世界观。他们是未来的希望之光,他们的好奇心与求知欲如同种子般播撒在心田。只要给予足够的阳光与雨露,这些种子便会生根发芽、茁壮成长,为人类的进步与社会发展贡献自己的力量。

会发问的学生的勇气与智慧并驾齐驱。他们的问题不局限于书本和课堂,更是融入生活的点滴,让知识在生活的每一处角落熠熠生辉。作为班主任,有责任、有义务精心呵护这些学生的好奇心与求知欲。因此,班主任应该倍加珍惜并精心培育学生的好奇心与求知欲火种,让它们在孩子们心中燃烧得更旺些,让思维之舟在知识之海中畅行无阻,让未来更加光明璀璨。

首先,班主任应营造一个宽松、自由、充满爱的探索环境,让学生敢于提问、勇于质疑,不拘泥于现有的答案,始终保持对未知的向往和热情。在这种环境中,学生能够自由表达自己的想法和感受,不被批评或嘲笑,从而敢于探索和尝试。通过有趣的故事、生动的实验和多样的实践活动,激发学生对知识的好奇心和探索欲望。例如,班会课可以给学生讲一些科学家探索世界的故事,让他们了解到知识的重要性;可以设计一些有趣的科学实验,让学生动手操作,感受科学的魅力。

其次，班主任需要引导学生学会用科学的思维方法和实证精神探寻答案，形成独立思考的能力和批判性思维。这意味着班主任应鼓励学生多角度思考问题，善于发现问题背后的规律和联系。鼓励学生勇敢提问，表达自己的疑惑和见解，让他们敢于挑战权威，不畏艰难险阻。例如，在课堂讨论中，班主任可以鼓励学生发表自己的观点，提出自己的问题，引导他们思考和探讨；也可以在日常生活中就自然界的现象、社会问题等引导学生提出问题，并引导学生思考解决问题的方法和规律。通过合作学习、小组讨论等方式，培养学生的团队协作能力和社会交往能力。

此外，班主任和家长还要提供丰富多样的学习资源和多种实践活动平台，让学生在实践中发现问题、解决问题，让知识回归生活，使学习过程成为一次次生动有趣的旅程。在这个过程中，学生不仅能收获丰富的知识，更能锤炼坚韧不拔的意志和乐观向上的心态，以及对社会的责任感和使命感。例如，班主任可以设计一些具有挑战性的项目或活动，让学生在实践中学习和成长；家长也可以带孩子参观一些博物馆或图书馆等学习资源丰富的场所。班主任和家长携手共进，为学生创造一个充满机遇和挑战的环境，让他们在提问与求解中茁壮成长，成长为社会的栋梁之材。

好奇心和求知欲并非与生俱来，而是需要班主任悉心培养。班主任应当以赏识和鼓励的态度激发学生对周围事物的兴趣，引导他们从新的角度提出问题，激发他们对知识的热爱。班主任还应努力营造一个鼓励探索、允许犯错的环境，让学生在轻松愉快的氛围中自由发展，大胆尝试，逐步形成独立思考的能力和勇于创新的精神。在培养学生好奇心与求知欲的过程中，班主任不仅要注重智力的开发，还要关注情感态度、价值观的培养。让学生懂得尊重知识、尊重他人，具有合作意识与共享精神，能够始终保持对未知世界的热爱，不断发现并解决问题，以适应未来社会的需求。

培养学生与众不同的思考能力

小明的脑海里如同繁星闪烁，奇思妙想层出不穷。正是这些与众不同的思考，让小明对世界有了更为深刻的理解。正是小明的与众不同之思，点燃了他内心深处的火焰，让他领悟到勇敢与智慧的无穷力量。学生独具匠心的思考能力，是驱动其不断前行的核心引擎。它催生创新、推动发展、塑造未来，让整个社会焕发出勃勃生机与创造力。

学生与众不同的思考能力，让学生在面对问题时能够跳出固有框架，以全新的视角剖析问题本质，探寻与众不同的解决方案。这种独特的思考方式，不仅体现在对事物的独特见解上，更体现在对问题深层次的洞察和理解。它要求学生必须具备卓越的洞察力，包括对事物细微处的敏锐观察，以及捕捉容易被忽视或未被充分挖掘的问题细节。通过这种深层次的洞察，学生能够更好地理解问题的本质，为解决问题提供新的思路。

面对当今社会生活中各种错综复杂的问题，我们倡导并践行一种颠覆传统、勇于创新的思维模式。这种思维方

二、智慧地培养学生

式鼓励人们摒弃以往那种刻板、单一的线性思考方式,转而以一种全新视角剖析问题的本质,探寻与众不同、独具创新性的解决方案。同样,这种独特的思考方式也能帮助塑造学生的世界观和价值观。学生以独特的思考能力,勇敢挑战传统教育的桎梏,倡导多元化的教育理念,推动教育从单向传授走向双向互动。此外,这种思考方式还能够帮助学生更加全面、深入地了解问题,找到更加合适、有效的解决方案。

正因为学生独特思考能力的巨大价值,教育体系也愈发重视培养学生的独立思考和创新能力。这种与众不同的思考能力并非与生俱有,而是需要通过长期的积累、培养和锻炼才能获得。培育学生这一能力的过程中,班主任的作用举足轻重。他们可以通过激发学生的好奇心,鼓励他们积极提问、深入探究与勇敢实践,以不断锤炼和磨砺学生的思维能力。同时,班主任还需致力于构建一个充满活力、开放包容的学习空间,充分尊重学生的独到见解,为他们提供一个可以自由表达、无拘无束的成长舞台。此外,班主任还需深入挖掘学生的个性化特质,洞察他们的兴趣、特长以及潜能,并据此制订个性化的学习计划和项目。通过引导学生深入探索自己感兴趣的领域,班主任可以帮助他们发掘出独特的思考方式和创新能力,使他们在知识的海洋中畅游自如,勇攀高峰。此外,班主任应积极营造一种鼓励尝试、不惧失败的文化氛围,让学生深刻理解:失败只是通往成功道路上的一块垫脚石,只有勇敢面对并从中汲取教训,才能不断向前迈进。这种积极的心态和坚韧不拔的精神品质,将成为学生未来面对复杂问题和挑战时的有力支持。

与众不同的思考能力在各个领域中都有着无可替代的重要价值,它是人类认识世界、改造世界的强有力武器,也是推动人类文明向前发展的动力源泉。真正具备这一能力,需要学生不断地学习、实践,以期在面对复杂多变的世界时,能够拥有更加敏锐的洞察力和更加高效的应对策略。

二、智慧地培养学生

和学生一起快乐地学习

月华如水,浸润了初三教室的每个角落。学生坐于其中,或埋首沉思,或奋笔疾书。他们的眼神泛动着对知识的渴望和对未来的憧憬。在这宁静而充满生机的夜晚,我以别具一格的教学方式,为原本枯燥的授课注入了生命的活力与情感的温度。我摒弃了冰冷刻板的叙述,代之以热情洋溢的讲述和生动形象的比喻,为学生勾画触手可及的生动图景。这种身临其境的学习方式不仅加深了学生对知识的理解,更激发了他们探究未知的热情与勇气。快乐的学习,是一种心灵上的富足,不仅仅来源于对知识的渴望和探索,更在于寻找并享受学习过程的乐趣。每一位学生都有独特之处,也正因为这些独特之处,才使得学生在学习过程中能够拥有各自丰富的内心体验。

快乐的学习是一种积极的生活态度,它让学生以阳光的心态面对挑战,以豁达的胸怀拥抱世界。在面对挑战时,快乐的学习让学生充满信心和勇气,不断寻找解决问题的新思路和新方法。它让学生保持开放和包容的心态,愿意去尝试和接受新的事物，不断拓宽自己的视野。在这个过程中，学生会不断发现自己的优点和不足。对自己的优点，学生会以谦虚的态度接纳他人的观点和建议，不断改进和提升自己的能力；对自己的不足，学生会以勇敢的姿态加以改进，不断挑战自己的极限。这种学习方式让学生更加自信、坚韧和独立。

快乐的学习也是一种人际交往的润滑剂，让学生在团队合作中相处得更加融洽和谐。它让学生学会如何与他人有效沟通，如何协调不同意见，如何共同解决问题。快乐的学习还是一种生活哲学，它让学生懂得如何在这充满竞争和压力的世界中保持内心的平静和乐观。它让学生学会如何调整自己的心态，如何面对挫折和失败，如何在困难中寻找机会和希望。

快乐的学习不只仅停留在个体层面的精神滋养和提升，更是一种可以传递和感染的力量。当学生在探索知识的过程中体验到乐趣并以此激发出无尽的创造力时，学生会自然而然地想要与身边的人分享这种喜悦。学生可能会邀请家人、朋友一起参与各种富有挑战性和趣味性的学习活动，例如，科学实验、语言交换、户外徒步等，在互动中共享知识的力量，增进彼此的情感联系。这种共同进步的氛围不仅能创造一个和谐温馨的家庭和友谊环境，也能促进团队之间的协作。

快乐的学习能激发学生对他人的尊重和欣赏，让学生

二、智慧地培养学生

学会接纳不同的观点,从而培养理解力。学生在享受学习过程的同时,还能对他人的进步表示祝贺,并对他们的成就表示赞美,这不仅能使学生的内心世界变得更加开阔,也能赢得他人的尊重和信任,塑造出更加健全和成熟的人格特质。快乐的学习是一种可以持续发展的习惯,需要学生保持对新知识的好奇心,持续地激发自己的学习兴趣。在人生的每一个阶段,学生都应保持对探索的热情,以谦虚和包容的心态面对新的事物。在学习中,学生不断突破自己的舒适区,寻求更多的挑战,不仅可以提升他们的能力,还可以增强他们的自信。

快乐的学习是一种可以带来无限可能的力量。它让学生以更加开放和积极的态度面对生活,让学生在探索知识的过程中不断发现新的乐趣和惊喜。快乐的学习让学生更加自信、坚韧和独立,让他们在面对困难和挑战时能够保持冷静和坚定。这种力量可以激发学生的创造力,让他们在追求知识的道路上更加勇敢。快乐的学习是一种可以滋养学生灵魂的力量。它让学生在知识的海洋中畅游,感受文化的魅力,领悟人生的真谛。它让学生更加懂得尊重他人、理解他人,更加珍惜时间。

通过快乐的学习,学生可以更好地理解自己、了解他人的观点和建议,从而更好地应对困难和挑战,让学生更加自信、坚韧和独立。快乐的学习不仅让学生收获知识,还让他们收获成长和幸福。它是一种心态、一种态度,让学生始终保持对生活的热爱。学习不只是一种获取知识的过程，更是一种提升自我、实现自我价值的过程。

快乐的学习是一种可以激发学生创新的力量。它让学生在传统的框架中寻找创新的思路，让他们在现实的困境中寻找突破的机遇。快乐的学习是一种可以启迪学生智慧的力量。它让学生在思考和探索的过程中不断发现新的视角和思路，让他们在解决问题的过程中不断挖掘新的方法和途径。

二、智慧地培养学生

像玩游戏一样学习

小杰化身为博学多才的"学者",娓娓道来活字印刷术的原理与历史脉络,而另外两位同学则在他的指引下,亲手制作出一套精致的木活字,并动手操作演示印刷流程。在这个趣味盎然的互动环节中,他们不仅深入理解了活字印刷术的基本知识,更感受到了古代工匠们的智慧与匠心独运。他们体验到了一种全新的学习方式——将知识化作游戏中的"经验值"与"道具"。尤为重要的是,这种游戏化学习方式让他们对知识产生了更加浓厚的兴趣。学习不再是他们眼中的负担,而是成了一段享受与探索的旅程。他们在每一次实践中感受知识的力量与魅力,从而更加坚定了追求知识的信念与决心。

在当今教育环境中,越来越多的教育者和学生提倡并实践着一种名为"游戏化学习"的新型教学模式。这种模式的核心理念在于借鉴游戏的设计原则和机制,将其巧妙地融入传统的学习过程中,从根本上改变学生对学习的传统认知。想象一下,在学习过程中,每一个学生都如同一位勇敢的探险家，面临的每一次挑战都如同游戏中的关卡，不仅考验着他们的专注力、策略规划和持续努力的能力，更需要他们灵活运用已学知识，创新解决问题的方法。这些挑战如同游戏中的障碍与难题，激发着学生运用所学知识进行实践操作与深度理解。而知识在这个过程中扮演的角色，如同游戏中的经验值或金币，通过不断地积累、内化和运用，逐渐汇聚成学生智慧的宝藏。每一次成功地解决问题、突破难关，都意味着对知识的更深层次理解和掌握，使得学生能够在实践中不断提升能力，锤炼思维。这种提升的过程就像游戏中的角色升级一样，从初级到高级，逐步积累经验和技能，最终形成全面而深入的理解和应用。

  这种游戏化学习策略的核心在于激发学生的内在动机和成就感。如同游戏玩家在攻克难关后获得兴奋和满足感，学生在解决复杂问题或掌握新的知识体系时，也会体验到成就感。这种积极的情感体验能进一步强化学生的学习动力，促使他们更加主动地投入学习中。此外，游戏化学习策略还强调了协作与交流的重要性。这像游戏中玩家可以组队合作一样，学生也可以通过小组合作、讨论和分享，共同面对和解决学习中的难题。这种协作学习不仅可以提升学生学习效率，还能培养学生的团队合作精神和沟通能力，为他们未来的工作和生活做好准备。

  像玩游戏一样学习的学习方式，改变了传统学习的枯燥和单调，让学习变得充满趣味和挑战。在这种模式下，

二、智慧地培养学生

学生不再被动地接受知识,而成了一个积极的参与者,他们在游戏中通过解决问题、克服难题来掌握新的知识和技能。这种学习方式强调了互动性和趣味性,鼓励学生在轻松愉快的氛围中探索知识世界,发现学习的乐趣。同时,游戏化的学习方式也能有效激发学生的内在动力和好奇心,使他们更加主动地学习新知识。

游戏化学习不限于课堂教育,也可运用在课外实践活动中。例如,在学校俱乐部、社团活动和家庭教育中,都可以引入游戏化学习项目,使学生在轻松愉快的氛围中巩固和拓展知识,培养独立思考和解决问题的能力。随着科技的飞速发展,数字化和智能化手段为游戏化学习提供了更多可能性。利用VR技术、AR技术以及在线互动平台,班主任可以创建出具有高度沉浸感和交互性的学习环境,让学生身临其境地体验学习过程,进一步激发他们的学习兴趣和积极性。另外,游戏化学习策略还鼓励班主任创新评价体系,借鉴游戏中的等级提升、技能解锁等机制,设置更具互动性和趣味性的任务和挑战。学生通过参与这些游戏化的学习任务,不仅可以锻炼自己的创新思维和问题解决能力,还可以在完成任务的过程中提升团队协作和自主学习的能力。这种策略有助于构建一个积极、健康的学习氛围,让学生在愉快的环境中学习知识,享受学习带来的乐趣。

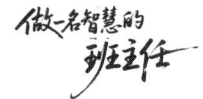

让课堂成为自由对话的乐园

在课堂上,我设定了一个主题,让同学围绕这个主题进行自由发言和讨论。小刘第一个站起来分享他的观点,他兴奋地说:"我觉得这个主题很有趣,我想谈谈我的想法。"他的脸上洋溢着笑容,显然对此充满热情。小颖也迫不及待地发表她的意见,她认为小华的观点很有启发,同时也提出了自己的观点。同学们以自由对话的形式展开了话题,你一言我一语,淋漓畅快。这样的教学方式激发了同学们的思考和参与,在一定程度上也提高了他们的学习兴趣。

课堂自由对话的形式强调学生与班主任之间的互动与交流,培养学生的批判性思维、沟通技巧和解决问题的能力。在这种模式下,班主任不只是知识的传授者,更是引导学生主动探索、发现和理解知识的导师。在自由对话中,同学可以就各种话题展开讨论,分享彼此的观点和经验,交流过程中同学渐渐拓展了自己的视野,丰富了自己的知识。课堂内,班主任以开放包容的心态,鼓励学生提出疑

二、智慧地培养学生

问,发表独特见解,让每一个学生都有机会发表自己的观点,分享自己的体验。同时,班主任运用多元的教学手段,如小组讨论、项目合作、情景模拟等,让学生在互动交流中碰撞思想,启迪智慧。

对学生和班主任而言,自由对话的形式可以颠覆传统的教学模式,使得知识传播更加生动、形象。学生在自由对话中可以提出自己的问题和疑惑,与班主任进行深入的交流和探讨,从而获得更加个性化的学习体验。教学中更多地采用这种课堂自由对话的方式,可以更好地激发学生的思考,提升他们的学习兴趣。同时,课堂自由对话的教学方式对于培养学生的批判性思维和创新能力具有重要作用。在提高学生的学习成绩的同时,也能够帮助他们形成独立思考、勇于探索的习惯。课堂自由对话的形式强调学生的主动参与和合作学习,教育资源也可得以更加公平地分配,每个学生都有机会在对话中发表自己的观点,获得知识,而不仅仅是依赖教师的传授。

自由对话的形式也可以激发创新思维和解决问题的能力。在对话中,学生可以通过交流和碰撞思想,产生新的想法,这对个人成长具有重要的意义。此外,自由对话还可以帮助学生建立信任和共识,增强社交凝聚力。课堂自由对话还促进了学生之间的合作学习。在对话中,他们可以分享各自的知识和经验,共同解决难题,从而提升团队协作能力和解决问题的能力。这种形式也有助于班主任更好地了解学生的需求和问题,以便调整教学策略,更好地满足学生的学习需求。课堂自由对话的形式也拓展了学生的知识视野。在对话中,学生可以了解到其他同学对于同一问题的看法,从而拓宽自己的思维边界,培养跨学科、跨领域的适应能力。

自由对话的形式对于提高学生的学术成绩和综合素质具有显著作用。研究显示,课堂自由对话的形式能帮助学生更好地理解和掌握知识,提高学习成绩。同时,这种教学方法还能够培养学生的自信心和自尊心,促进其全面发展。课堂自由对话的形式,首先,它营造了一个轻松、愉悦的课堂氛围,鼓励学生表达自己的观点和疑惑,让他们在交流中碰撞思想、激发灵感。其次,它有助于培养学生的沟通能力。通过与其他同学的对话,他们可以学会如何清晰地表达自己的想法,如何倾听他人的观点,如何协商和解决问题,这些技能对于他们未来的生活和事业发展至关重要。

二、智慧地培养学生

让讨论助力学生成长

　　班会课中,学生的讨论声此起彼伏,汇成了一曲思想的交响乐。他们围坐成一圈,或慷慨陈词,或细语辩论,每个人都在这场精神盛宴中尽展风采。领头的小睿,眼神炯炯,他的话语如泉水叮咚,激荡着思想的涟漪。他脸庞微红,犹如朝霞初绽,彰显着内心的激情。他深入浅出地阐述着对科学实验的独到见解,每一个字句都透露出对知识的渴望和对未知世界的探索。小馨,那位温婉尔雅的女生,她目光如炬,专注地倾听着小睿的发言。她时而挥笔在纸上勾画,时而抬头凝思,姿态优雅而从容。她以细腻而敏锐的洞察力提出疑问,声音虽轻柔却坚定,透露出对真理的不懈追求。小涵,那个含蓄内敛的女孩,在激烈的讨论中保持着一份难得的沉静。她细心聆听每个人的发言,捕捉着思维的火花。当她终于鼓起勇气发表自己的看法时,她的声音虽然轻柔却充满了力量。她的观点一经抛出,便如一石激起千层浪,引发了大家的深思与共鸣。他们围绕小睿的观点展开讨论,思维的火花在碰撞中迸发出耀眼的光芒。下课铃声为这场精神的盛宴画上了圆满的句号。然而，学生对知识的渴求和对真理的探索却未停歇。他们在讨论中收获了知识、友谊与成长，更在辩论中锻炼了思维，学会了倾听与尊重。

这场讨论不仅深化了他们对科学实验的理解与认识，更培养了他们的团队协作能力与问题解决能力。他们在激烈的辩论中学会了如何与他人有效沟通、如何尊重并接纳不同的观点。在这里，课堂不仅是一个获取知识的地方，更是一个思想碰撞、智慧交融的殿堂。我鼓励每位同学积极发言，畅谈自己对问题的独特见解。无论这些观点正确与否，我都将以真诚和包容的心态倾听、学习。因为在这个过程中，每一个参与者都有可能从交流讨论中获取新的认知，甚至通过思想的碰撞，激发出更深入的理解和洞察，从而锻炼他们的辩证思维能力。

让学生展开讨论吧！让我们共同营造一个积极、向上、开放、包容的学习氛围。在这个氛围中，学生要敢于质疑，勇于挑战，不畏艰难险阻；同时，也要学会尊重他人，理性表达自己的观点。每个学生都能够并且应该从讨论中获取养分，不局限于知识的积累，更有做人做事的道理和人生智慧的提炼。通过这样的互动交流，学生不仅能够提升自己的专业素养，更能塑造健全的人格，为未来的生活和学习打下坚实的基础。同时，学生的每一次讨论都是一次珍贵且不可多得的个人成长机会，是学生更深层次理解世

二、智慧地培养学生

界的尝试。在这个过程中,学生可能会遇到各种的观点,甚至会面临激烈的争论,但正是这些能让他们更深入地思考问题,更全面地理解观点,更准确地把握事物的本质。因此,学生要珍视这些讨论的机会,用心参与其中,用心倾听他人的观点,用心感悟整个讨论的过程。

让学生展开讨论吧!每一次讨论都是一次难得的学习机会,无论结果如何,学生都能从中汲取到宝贵的经验和教训。让我们以积极、开放、包容的心态,共同营造一个和谐、互助的学习环境,共享知识的力量,一起走向更加美好的未来。让学生铭记,知识并非固定不变,而是随着不断地探索、质疑和辩论而持续发展和完善的。它犹如一颗璀璨的宝石,需要通过不断地挖掘、打磨和雕琢,才能展现出其更深层次的光彩。在这个过程中,学生要勇于接受新知,敢于创新突破。学生应当以开放的心态去面对这些既有的认知,通过深入的思考和理性地分析,去伪存真,去粗取精,使知识与时俱进,不断发展。同时,也要学会理性接纳他人的观点,即使意见相左,也能从中汲取有益的养分,拓宽自己的视野。

每一次讨论都是学生积累人生智慧的过程,它让学生学会如何与他人有效沟通,如何协调不同观点,如何在冲突中找到共识,如何在质疑声中坚定信念。这些宝贵的经验有助于学生在未来的生活和学习中更好地适应环境、解决问题,形成独立而健全的人生观和价值观。在讨论中,学生会遇到各种不同的观点和见解,这些观点和见解会让他们思考得更深入、更全面。因此,让他们怀着对知识的热爱和对真理的追求,把握每一次讨论的机会,用心体验、感悟、成长。相信在这个过程中,学生能够提升自己的专业素养,塑造更加全面、立体和深刻的人格,为将来的生活和学习打下坚实的基础。

二、智慧地培养学生

"喧闹"的学习才是真正的学习

教室里，发生了一场别开生面的"喧闹"的学习场景。课堂上，我正在讲解一个有趣的化学实验，学生听得津津有味，不时发出欢呼声。突然，一个学生站起来，激动地分享他对实验的理解和看法。其他学生看到他的表现，也纷纷举手发言，分享自己的观点和感受。通过这样的互动和交流，学生不仅学到了知识，还培养了自信心和表达能力。学习并不是枯燥无味的，只要学生用心体验和感受，就能发现其中的乐趣和价值。

学习，作为一种全身心投入、充满活力和激情的过程，在现代教育体系中扮演着至关重要的角色。"喧闹"的学习，学生不仅需要通过听觉认真聆听讲授的内容，更需要用大脑深度思考。"喧闹"的学习鼓励主动发言提问，勇于表达个人见解与疑惑，通过语言的交流碰撞出智慧的火花。此外，亲身实践同样不可或缺，学生应积极把所学知识应用于实际生活场景中，以巩固知识理解，这种实践性的学习方式有助于激发学生的学习兴趣和内在驱动力。

"喧闹"的学习，实则是全身心投入、积极求索与深度互动的学习境界。在这样的环境中，学生不再只是知识的聆听者，而是化身为讨论的积极参与者，敢于发声，敢于质疑，勇于挑战既有的知识体系。在激烈的辩论与思想的碰撞中，他们的思维得以激活，智慧得以绽放。"喧闹"的学习鼓励学生从不同视角审视问题，深入挖掘问题的本质，从而培养深邃的批判性思维。在这个过程中，学生学会了分析问题、论证观点、尊重他人、团结协作。他们在辩论中锻炼口才，在交流中提升沟通技巧，在合作中培养领导力，全方位地提升个人素质。这种学习方式对学生公众演讲、沟通协作及领导力等能力的提升具有显著推动作用。在"喧闹"的学习氛围中，学生需要不断表达自我、倾听他人、说服同伴，这对语言表达和人际交往能力提出了更高要求。在这种积极互动、充满活力的学习氛围中，学生不仅锻炼了逻辑思维和批判性思维，更学会了如何有效应对挑战、解决问题。

"喧闹"的学习同样有助于激发学生的创新意识和创造力。在激烈的讨论中，学生勇于突破自我，探索未知领域，催生出更多具有创新性的想法和解决方案。这种学习方式为学生提供了一个宽松、自由的学习环境，使他们更加自信、独立，并愿意为团队贡献自己的力量。"喧闹"的学习氛围往往意味着学生在积极交流和讨论，互相激荡思想，擦出智慧的火花。在这种环境中，学生能够从不同的角度

二、智慧地培养学生

审视问题，从而拓宽视野，增强思维深度。在这个过程中，学习不再只是一种单向的知识传递过程，而是一种双向，甚至多向的互动与交流活动。在这一过程中，学生不再是被动地接受知识，而是需要主动地参与到学习过程中，积极地思考和探索。这种互动与交流不仅可以激发学生的学习兴趣和积极性，更能促进知识的深度理解和创新应用的产生。

当然，"喧闹"的学习并不意味着无序和混乱。一个良好的学习氛围需要学生共同维护，需要每个人学会尊重他人，同时也要懂得如何恰当地表达自己的观点和想法。此外，班主任和学校也应当引导学生正确看待"喧闹"的学习环境，培养他们在"喧嚣"中保持冷静、在嘈杂中寻找秩序的能力。因此，班主任需要合理安排"喧闹"学习和安静学习的时间，确保学生在动态与静态之间找到平衡，以实现最佳学习效果。同时，学校和班主任还应通过科学的教学方法和策略，帮助学生正确对待"喧闹"的学习环境，培养他们在嘈杂环境中保持专注和高效学习的能力。

对那些过于内向或易受干扰的学生，班主任也应给予足够的关注和支持。提供个性化的学习空间和时间安排，帮助学生找到适合自己的学习方式和方法，是个性化教育的重要体现。班主任应鼓励学生积极参与小组合作和课堂讨论，通过循序渐进的方式让他们适应吵闹的学习环境，提升他们的社交技能和团队协作能力。此外，随着科技的快速发展,学习方式也在不断演变。现代学习理论强调,学习不只是个人的认知过程,更是一个社会化的过程。因此,学生应灵活运用线上线下资源,借助信息技术手段,如在线协作平台、虚拟实验室等,创造有利于互动交流和合作探讨的学习空间。利用技术中立的原则,让学习者在更为灵活、自主的时间和空间中进行学习,实现自我价值和社会价值的最大化。

二、智慧地培养学生

发挥结伴学习的最大功效

小刚学习自律性差，小林自律性强，我与他们家长商定，让他俩成为学伴。经过一个学期，小刚发生了天翻地覆的变化。遇到难题时，他们互相探讨，交换彼此的见解。遇到精彩的部分，他们互相分享，激发思维的火花。每当疲惫之时，他们相互鼓励，给予对方力量。学习变得不再枯燥乏味，他们共享智慧的喜悦，彼此成为对方成长路上的重要伙伴。在这段结伴学习的过程中，小刚和小林不仅收获了丰富的知识，更收获了深厚的友情。

结伴学习作为现代化教育体系中一种备受推崇的高效学习策略，尤其在注重个体差异的当下，其价值与优势日益凸显。这一模式鼓励学生组成团队，在相互陪伴、鼓励与竞争中共同探索知识领域，不仅能有效激发学生间的学习动力，保持持久的学习热情和专注度，而且通过常态化的互动交流与资源共享，更能使每个人的学习成效得到显著提升。

在结伴学习的过程中，每位参与的学生都能成为彼此的知识源泉。他们可以相互借鉴学习方法和心得，利用各自的优点共同攻克难题。这种取长补短的过程对个人成长具有不可忽视的作用。例如，在备考重大考试时，几个志同道合的同学可以自发组成一个复习小组，共同制订详尽的复习计划，科学分配每周的学习任务。在这个小组中，每个人都可以根据自己的学习特点、优势和兴趣，为小组的学习进度和策略作出贡献。如果某人擅长数学，就可以负责解答数学难题；另一人擅长英语，则可以分享提高英语阅读理解能力的方法。这样既避免了单打独斗可能导致的学习漏洞，又能确保每个人都能够在自己擅长的领域得到发挥，实现共同进步。

结伴学习有助于培养学生解决问题的能力。在解决问题的过程中，学生需要分析问题、提出解决方案，并进行讨论。通过与不同背景、不同专长的同学交流，学生可以拓展自己的视野，激发创新思维，找到更有效地解决问题方法。通过与他人的交流和合作，学生可以认识到自己的优点和不足，有针对性地改进自己的学习方法和态度。这种自我成长不仅有助于学习，也能提升个人的综合素质，为未来的发展奠定坚实基础。需要注意的是，结伴学习并不意味着学生自由组合，也需要班主任进行适当地引导和管理。班主任应根据学科特点、学习目标和个人兴趣等因素进行合理分组，确保小组内的成员互补短板，发挥各自的优势。

二、智慧地培养学生

结伴学习能有效培养团队合作精神和沟通能力。在解决问题的过程中，学生学会倾听他人的意见和建议、协调各方利益关系，这些都是现代社会中非常重要的能力。这些能力不仅有助于学习，也能在未来的工作和生活中发挥重要作用。同时，结伴学习也能营造出积极向上的学习氛围，有助于减轻学习压力，增强学习兴趣。每个人在小组中的角色和责任分工，可以让学生更加投入和积极地参与到学习中，感受到集体的智慧和力量，从而增强自信心和成就感。当然，在结伴学习的过程中，也需要适时调整和改进学习策略。学生应定期评估学习效果，根据实际情况调整学习计划和方法。同时，应鼓励每个人都积极参与小组讨论和分享，培养领导力和团队协作精神。

结伴学习还能帮助学生建立更紧密的人际关系。在小组中，学生可以结识到志同道合、兴趣相投的同学，通过共同的学习经历，加深彼此之间的了解。这些人脉资源不仅在学习阶段能提供帮助和支持，为未来的成长和发展提供更多元化的视角和更丰富的资源链接，而且还能为他们的生活增添色彩。结伴学习是一种高效且有益的学习方式，能提升学习效果、培养多项能力，为未来的学习和生活奠定坚实基础。

学生的意见是金子

学生犹如初升的朝阳，虽然稚嫩，却充满力量。他们可能提出对课程设置的独特见解，对教学方法进行深度反思，以及对班级环境建设的创新构想。学生的意见是班主任了解他们内心世界、把握教育需求和发现教育问题的关键所在。通过倾听和接纳学生的意见，班主任可以更好地理解学生的需求和期待，发现教育过程中的问题，从而调整教学策略，优化教育资源，提升教育质量。学生的每一次发言，都是他们内心真实想法的体现，是他们用知识和思想铸就的宝贵财富。作为班主任，应当深刻认识到学生发言的重要性，珍视他们的每一次发言与分享。

学生的意见往往蕴含着无穷的创造力与想象力。他们敢于提出新的想法，勇于挑战既定的规则，善于构建未来的蓝图。这些意见如同金子般珍贵，既是对班主任工作的指导，也是推动教育进步的重要动力。因此，作为班主任，要积极鼓励学生发表意见，为他们提供安全、自由、开放的环境，让他们敢于表达、乐于表达、善于表达。班主任

二、智慧地培养学生

可以采取多种方式聆听和接纳学生的意见，如定期举行班级的学生研讨会，设立意见箱或线上论坛，进行一对一的师生交流等。

在面对学生的意见时，班主任要表现出充分的尊重，并给予一定的回应。这不仅有利于培养学生的批判性思维和独立思考能力，也能为教育者提供新的视角，共同促进教育事业的进步和发展。班主任应当引导学生对自己的意见进行深入思考和探究，鼓励他们通过实践检验和完善自己的想法。班主任为学生提供参与课程设计、组织校园活动、开展项目研究等机会，让他们的意见转化为实际行动，进一步激发他们的创新力。

为了更好地培养学生发表意见的能力，班主任可以开展多元化的学习活动，如开展辩论赛、角色扮演等，让学生在实践中发表意见、倾听他人观点。这不仅能提高学生的综合素质，也有助于他们在未来面对社会各种复杂情境时，能迅速适应并有效解决问题。班主任还要建立一种积极回应和采纳学生意见的反馈机制，确保学生的意见建议得到及时响应。这不仅能增强学生的成就感和归属感，还能营造出一个充满活力、勇于创新的教育环境，让每一位学生都能在这里自由翱翔，发挥他们的智慧。同时，班主任应当以开放的心态接纳并积极回应学生的意见，对于合理的建议，班主任应及时调整教学策略，改进教育方法，确保教育实践始终与时俱进，满足学生的个性化需求。对于新颖独特的见解，班主任应予以充分的肯定和鼓励，激发学生的想象力，为他们提供广阔的探索空间。

在处理学生意见的过程中，班主任还需要注重培养学生的批判性思维和独立思考能力，引导他们从多角度审视问题，理性分析和判断。通过讨论和交流，鼓励学生之间互相启发，共同寻找解决问题的最佳路径。这不仅能够提升学生的综合素质，也有助于他们在未来的学习和生活中具备更强的适应能力和创新能力。定期组织专题研讨会，邀请学生就特定议题发表看法，不仅能锻炼学生的发言技巧，还能为教育教学改革提供宝贵的参考意见。通过设立学生意见反馈箱、搭建线上互动平台等方式，确保每一位学生的声音都能被听到，每一条意见都能得到及时而恰当的回应。班主任还应注重培养学生发表意见的能力，让他们学会更好地表达自己、说服他人，并尊重他人的观点。班主任可以通过开展写作、演讲、辩论等多元化的活动，锻炼学生的表达能力和逻辑思维能力，以培养出更多具有创新精神和实践能力的人才。

作为班主任，应该珍视他们的每一次分享和表达，为他们提供一个安全、自由、开放的平台，让他们勇于发表自己的见解。通过这种方式，班主任可以创造一个充满活力、互相尊重和富有创新的教育环境。在这里，学生可以自由地探索、发现和表达，而他们的意见和见解能够得到充分的重视。

二、智慧地培养学生

让学生获得成功的幸福感

学生获得成功的幸福感的关键，不仅在于他们学业成绩的卓越，更在于他们是否拥有健全的人格、良好的品德修养以及适应社会发展的综合能力。成功的幸福感是一种内心的满足感，是一种对自我价值实现的肯定。让学生获得成功的幸福感，是班主任的首要使命。为了实现这一目标，班主任需要全方位、多角度地从学生的身心发展、学习能力提升以及情感态度价值观等方面进行引导，为学生打造一个既充满挑战又富含关爱的学习环境。

在学校中，判断学生成功与否的标准不应仅局限在考试分数和排名上，虽然这是衡量学习效果的重要方面，但更重要的是看他们是否学会独立思考、解决问题和应对挑战。通过不断努力和学习，学生能够掌握知识技能，提升自我，这本身就是一种成功。幸福感则是个体对生活的热爱的体现，是对点滴进步的反映。无论是克服困难后的喜悦，还是帮助他人时感受到的温暖，抑或是从书本中获得新知的兴奋，都是构成幸福感的源泉。

学生成功的幸福感还与建立和谐的人际关系、积极参与校园社会活动密切相关。分享自己的喜悦和成就，给予他人鼓励和支持，是在校园生活中体验幸福、获得成功的途径。积极参加各类社团活动、志愿者服务及团队合作项目，锻炼沟通协调能力，有助于学生塑造人际关系网络，这对他们的成长和发展具有不可估量的价值。学生需要不断自我调整，明确个人优势和不足，通过持续学习和改进，逐步接近自己的理想状态。同时，通过举办丰富多彩的课外活动和社会实践，鼓励学生积极参与，让学生在实践中锻炼成长，在合作中学会共赢，在挫折中体验坚韧，从而全面提升综合素质。通过建立互助合作的关系，共享资源和经验，共同面对挑战，互相激励成长，从而在相互支撑中取得成功和幸福。

　　健康的身体是承载幸福的基础，因此养成良好的生活习惯，例如合理饮食、充足睡眠、定期锻炼等，对学生来说至关重要。同时，合理规划学习与生活，适时放松自己，减轻学习压力、提升生活质量，也是通往幸福之路的一部分。健康的心理状态也是构成学生成功的幸福感的一部分。面对学习压力、人际关系矛盾以及未来道路选择等困惑时，应学会积极应对、合理调整，寻求适当的心理辅导与支持。定期进行心理健康检查，培养良好的情绪调控能力和自我激励机制，有助于学生在逆境中发现机遇，保持持久的学习动力和生活热情。通过开展心理健康讲座、心理拓展训

二、智慧地培养学生

练等活动，培养学生的积极心态和健康情感，让他们在面对困难和挫折时能够保持乐观和坚韧。引导学生建立积极的人生观，培养良好的情绪调控能力，让他们在面对生活的波折时，能保持从容与乐观。

家庭、学校和社会环境对学生成功的幸福感的塑造具有不可忽视的影响力。家长、老师和社会各界应当共同努力，营造一个鼓励探索、崇尚进步、注重心理健康的环境，让每一位学生都有机会体验成功带来的喜悦，感受付出努力收获成长的幸福，从而在全面发展的道路上不断前行。学校应当积极推动家庭、学校和社会的紧密结合，共同助力学生的全面发展。学校应定期举办家长会、家长开放日等活动，加强与家长的沟通与联系，让家长更好地理解学校的教育理念和教学方法，共同参与孩子的成长过程。社会各界也应关注学生的全面发展，提供必要的支持和帮助。图书馆、博物馆、社区文化活动室等公共文化设施应向学生免费或优惠开放，为他们提供丰富的文化资源和学习交流平台。媒体、企业等社会力量也可以通过举办各类科普、文艺、体育等活动，为学生的课外生活增添色彩，帮助他们开阔视野，增长见识。

学生的成功的幸福感是一个多元而立体的画卷，既包含学术上的卓越追求，也涵盖人格的健全成长、品德的陶冶升华以及社会适应能力的不断提高。只有全面关注这些要素，并为之付出努力，才能真正助力学生绘就一幅亮丽的人生画卷，让他们在成长的道路上既感受到学习的魅力，又体悟到人生的美好。学校应当提供多元化的成长平台，鼓励学生参与各类学术竞赛、创新项目，以及各类志愿服务和社会实践活动，让他们在实践锻炼中提升自己能力，实现个人价值。

三、智慧地管理班级

　　智驭班级之道，班主任应以班级纪律为基石，明确行为之界，公正执行，以培养学生的良好习惯。适时引入激励机制，激励学生投身班级事务，为集体注入正能量。面对冲突，班主任应以公正、智慧为舵，引导学生自主协商，寻找解决方法，培养其解决问题的能力与团队协作精神。班主任需要深耕每位学生之心田，量身定制教学计划，个性化辅导策略。教学活动，需要丰富多彩，点燃学习之火，让学生在实践与探索中汲取知识的甘露；同时，强化团队协作与沟通桥梁，借由小组讨论、角色扮演等多元化集体活动,让学生在互动中砥砺前行。社交媒体,搭建心灵桥梁,开放交流,拉近师生距离,共筑温馨教育家园。评价体系多元化,学习成绩之外,品德、特长、社会实践等也需要关注,同学互评、自评促自我认知。教育理念与时俱进,科技融入管理,虚拟现实、增强现实等先进技术,让学习场景鲜活生动,乐趣中成长。

三、智慧地管理班级

让学生感受到班级的爱

班级中的爱,宛如旭日东升,温暖而耀眼,又如微风拂面,轻柔而宜人。班级中的爱,如同阳光洒满大地,温暖而明亮。每个角落都充满着爱的气息,每一个孩子都沐浴在爱的阳光中。当学生迷茫时,班主任给予指引;当学生犯错时,班主任给予宽容和理解;当学生取得进步时,班主任为之高兴。同学之间的爱,如同兄弟姐妹般亲密。学生共同度过青春时光,一起分享喜怒哀乐。在困难时,有人伸出援手;在快乐时,有人分享;在烦恼时,有人安慰。

我的班级,像一个大家庭一样温暖。在班级这个温馨的大家庭中,师生共同谱写了一曲曲难忘的乐章。那些挑灯夜战、并肩备考的时光,充满了拼搏与进步的火花;那些为求解难题而激烈争辩、终至豁然开朗的时刻,凝结着智慧与灵感的精华。在这个集体中,学生学会了彼此理解、包容与互助,更领悟了合作与竞争的真谛。班级中的爱,是无声的付出,是彼此的关怀,是共同的成长。学生在爱的沐浴下，学会了感恩、学会了珍惜、学会了付出。这种爱将成为学生人生中最宝贵的财富。班级中的每一个孩子，都在爱的呵护下茁壮成长。学生或许并不懂得用华丽的辞藻去描述这份情感，但他们的内心深处都深深地感受到了爱的存在。每当有同学生病了，其他同学会纷纷送上关心和问候，有的递上药水，有的送上零食，还有的陪伴其旁边讲故事。这些看似微不足道的行为，却能让病中的同学感受到无尽的温暖。每当有同学遇到困难，班级里的其他同学会毫不犹豫地伸出援助之手。可能是学习上的困扰，也可能是生活中的烦恼，但无论何时何地，只要有同学需要帮助，总会有其他同学主动站出来，给予支持和鼓励。

　　班级中的爱，是如此的纯粹和真挚。它不需要华丽的言辞，也不需要刻意的表现。只要用心感受，就能发现它无处不在。在这种爱的熏陶下，学生学会了关爱他人，学会了珍惜友情，学会了承担责任。这些美好的品质，将伴随他们一生，成为他们人生中最宝贵的财富。每当有同学取得进步或成功时，班级里的其他同学会自发地给予掌声和祝贺。他们互相分享学习方法和心得，共同见证彼此的成长和进步。这份互助与喜悦的氛围，让每一个学生都深切体会到集体力量的伟大和友谊的珍贵。在班级中，爱是一个无言的约定，一个温暖的拥抱，一次及时的帮助。它不需要华丽的言辞，只需要在日常生活中细细品味和传递。正是这种深沉而纯粹的爱，让我的班级成为一个充满阳光

三、智慧地管理班级

和希望的港湾,让每一个学生都在这里找到了成长的乐趣和人生的价值。

班级中的爱,更体现在对每一个个体的深切关怀与尊重。无论成绩优劣、家境贫富、身体状况如何,每个学生都能在这个大家庭中找到属于自己的位置和价值。优秀的同学会得到赞誉与肯定,需要进步的同学会得到耐心指导与鼓励,面临困境的同学会得到其他同学的支持与帮助。这种对个体的关注与尊重,让每个人都感受到了班级的温暖与包容。班级中的爱,还体现在每一次精彩纷呈的集体活动中。为了比赛而共同努力、挥洒汗水的日子,见证了他们的团结与协作;为了表演节目而精心筹备、最终精彩呈现的时刻,展现了他们的智慧与才华。班级的荣誉需要每个学生的共同守护,而每一次的成功都离不开每个学生的辛勤付出与不懈努力。

在校园这片热土上,学生共同成长,共同进步。无论是严谨的学习氛围,还是丰富多彩的课余生活,都会为学生提供一个展示自我、锻炼能力的舞台。在这个大家庭里,学生学会了理解、包容与支持,学会了合作、创新与进取。当学生走出校园,步入社会,这份深厚的感情依然会伴随他们左右。他们会带着这份美好回忆,继续前行,在各自的人生道路上散发着温暖的阳光。班级中的爱犹如一盏明灯,照亮了学生前行的道路,让学生在迷茫和困惑面前,能够找到自己的方向。

打造一支卓越的班级团队

卓越的班级团队，是一支汇聚了众多卓越个体的坚实堡垒。在这个团队中，每一位学生都怀揣着强烈的责任感和使命感，彼此尊重、相互信赖，以共同的目标为指引，携手并进，共同成长。团队领导者拥有卓越的远见卓识，怀抱着包容的心态，接纳每一位学生的独特之处。通过精准的资源调配和激励措施，班主任巧妙地点燃团队成员的潜能与热情。班主任不仅紧盯团队的整体进展，更关心每个学生的个体成长，用心营造出一个既充满活力又和谐融洽的团队氛围。团队成员间建立起高效合作机制和良好沟通环境，彼此分享着知识的甘泉与经验的智慧。在这种积极互动中，班级团队逐渐铸就了一种独特的团队精神，这种精神激励着学生在面对挑战时坚韧不拔，在取得辉煌时保持谦逊。

打造一支卓越的班级团队，首先，需要确立共同的目标和愿景。这个目标不仅是班级努力的方向，更是凝聚全员力量的核心。目标应当明确、具体，且具有挑战性，让

三、智慧地管理班级

每位学生都清楚自己该如何努力为班级的整体进步作贡献。其次，优化团队结构，确保每个学生都能在团队中找到适合自己的位置，发挥自身的优势。鼓励学生之间互相尊重、倾听和协作，建立积极的团队氛围。通过合理的分工和协作，提高班级的工作效率，增强团队凝聚力。制定明确、合理的规章制度是打造卓越班级团队的重要一环。这些制度包括班级目标、行为规范、奖惩机制等，旨在引导全员朝着共同的方向努力，确保班级秩序和纪律。同时，这些制度应当得到全员的一致认同和遵守，成为班级行动的准则。当然，规章制度并非一成不变，可以需要根据实际情况和团队发展进程进行适时调整和完善。

班主任要发挥引领和调控的作用，充分尊重每一位学生的个性差异，关注每个学生的成长需求，通过有效的沟通协调和人文关怀，帮助学生不断提升自我，实现个人价值与班级团队发展的和谐统一。同时，班主任或班级领导核心要积极构建多元化的学习环境和活动平台，鼓励学生互相学习、分享心得，通过举办学术交流会、兴趣小组、志愿服务等形式，提升学生的综合素质和能力。这些活动不仅可以拓宽学生的视野，激发创新思维，还能锻炼他们的组织策划能力和团队合作精神。强化班级团队精神需要充分发挥榜样的示范引领作用。学生之间可以相互学习，借鉴他人优点，共同进步。班级团队应重视对优秀事迹和典范人物的宣传表扬，树立良好的榜样，激发全体学生的进取心。

在培养学生的领导力和组织力的过程中，班级团队要注重培养他们的团队协作精神和沟通能力。通过团队建设活动、小组讨论等方式，让学生学会相互尊重、相互支持、相互协作，共同完成班级各项任务。同时，也要鼓励学生积极与老师、家长、同学沟通交流，建立良好的人际关系，为班级的发展贡献力量。班级团队还要注重培养学生的创新意识和实践能力。通过组织科技创新、社会实践等活动，让每位学生都有机会发挥自己的创造力和想象力，为班级的发展提出建设性意见和建议。同时，也要鼓励学生积极参加社会实践和志愿服务等活动，增强自己的社会责任感和实践能力。

在面对困难和挑战时，班级团队要有坚定的信念和毅力，鼓励每一位学生保持乐观积极的心态，学会从困难中汲取教训，从挫折中增长经验，以勇敢的态度迎接挑战，用汗水与智慧共同书写属于他们的辉煌篇章。班级团队应当注重培养学生的创新精神和实践能力，鼓励学生勇于探索新的领域，尝试新的方法，独立思考，勇于挑战。通过举办各类创新比赛、实践活动，为学生提供一个展示才华、锻炼能力的舞台。让每位学生都能在班级的发展中，实现个人价值的提升，同时也为班级的整体进步贡献力量。在面对失败时，班级团队要勇于承担责任，认真分析原因，总结经验教训，以更加饱满的热情和更加扎实的工作作风

三、智慧地管理班级

投入班级各项工作中去。同时,要学会相互包容和理解,尊重他人的观点和意见,以积极的心态面对挑战和压力。此外,班级团队应当注重培养学生的领导力和组织力,通过组织各类活动,如班级文艺汇演、运动会等,让每位学生都有机会担任组织者和领导者,锻炼自己的组织和协调能力。

激励和培养是提升班级整体能力的必要手段。作为班主任,应该关注学生的个人成长,给予他们适当的激励和培养,帮助他们提升自己的能力,实现个人价值。同时,班主任还应该注重营造积极向上的班级氛围,建立有效的反馈机制,及时了解和关心学生的需求与困扰,通过人性化的管理方式增强班级的凝聚力和向心力。例如,定期举行团队建设活动,提升团队默契与团队精神;为成员提供多元化的成长机会和发展空间,激发他们的创新精神和主动性。科学合理的绩效考核与激励机制对于打造卓越班级同样至关重要。班主任需要建立一套公平、公正且富有激励性的评价体系,既要肯定和奖励学生的努力成果,也要引导他们正视不足,持续改进。通过这种方式,可以确保班级始终保持旺盛的斗志和卓越的竞争力,从而在面对各种挑战时脱颖而出,取得长足发展。

卓越的班级团队在学生教育历程中发挥着举足轻重的作用。这一团队的存在,不仅大幅提升了教学质量,全面推动了学生的成长与发展,更在无形中塑造了一种积极向上的班级风貌，有效锤炼了学生的道德品质。卓越的班级团队不仅关注学生的知识学习，更重视培养他们的价值观。班主任通过丰富多样的教育实践活动，引导学生形成正确的价值观和人生观，培养他们的社会责任感和使命感。班级团队还应致力于加强与家长、社会的沟通与协作，共同为学生的全面成长和发展助力，使学生在温馨和谐的班级氛围中茁壮成长。

三、智慧地管理班级

有目标有计划地管理学生

任何伟大的事业都需要有扎实的根基，而根基的搭建离不开我们日复一日、年复一年的努力。学习不仅仅是获取知识的过程，更是锻炼学生的毅力、培养学生的恒心、塑造学生的人格的过程。班主任应该根据学校的培养目标、教学大纲和学生的实际情况，制订出明确、具体、可操作的学习目标。这些目标可以是短期的，如一次考试的成绩提升，也可以是长期的，如掌握一项专业技能或培养良好的人格。通过明确的目标设定，可以帮助学生认识到自己的学习方向和努力方向，激发他们的学习动力。

明确的目标犹如明灯高悬，照亮学生前行的道路，为他们指明探索知识的方向。精细的规划则是通向成功的阶梯，它充分考虑学生的个体差异、学习进度，确保班主任能够因材施教，灵活调整教学策略，助力学生克服重重难关。同时也要鼓励学生自我监控和同伴互助，培养他们的自我管理能力和团队协作精神。在这个过程中，班主任将始终坚守教育者的初心和使命，用爱心、耐心和智慧为学生的成长保驾护航。为了实现这些目标,班主任需要制订详细的教学计划。这个计划应该包括教学内容的选择,教学方法的运用,以及教学进度的安排等方面。在实施计划的过程中,班主任要注重学生的主体地位,鼓励他们积极参与学习活动的设计和实施,培养他们自主学习和合作学习的能力。

设定明确、具体、可操作的目标是有效管理学生的关键一步。这些目标可以包括学习成绩、行为规范、价值观培养等多个方面。目标设定后,需要制订详细的计划,包括时间表、实施步骤和预期结果等,确保计划具有可行性和可操作性。在实施管理计划的过程中,要及时跟进和调整。班主任要密切关注学生的变化,发现问题后一定要及时纠正,并根据实际情况调整管理策略。在管理学生的过程中,班主任必须坚定目标导向,精心规划路径,以更好地引领他们迈向成长的康庄大道。在制定目标时,需深入洞察学生兴趣所在、特长优势及未来发展倾向,量身打造兼具针对性与可操作性的目标体系。对于学习追求者,班主任可设定明确的分数或排名提升目标,并辅以个性化的学习方案;对于才艺出众者,则可设立艺术、体育等特定领域的发展目标,并提供专业的培训与指导。

在实施管理的过程中,班主任需要格外注重激发学生的自主性和创新精神。鼓励他们积极参与目标与规划的制订,以提升其学习积极性和自我管理能力。同时,班主任

三、智慧地管理班级

还应鼓励他们勇敢挑战自我,敢于突破传统思维的束缚,不断挖掘自身潜能,实现自我超越。具体而言,班主任要根据每个学生的兴趣、特长和学习风格,量身定制教学方案和课程内容,以激发他们的学习兴趣和内在动力。同时,班主任还要推行一种"无过错"的教育理念,鼓励学生勇于尝试,在挑战中进步。这种教育理念旨在培养学生的创新思维和解决问题的能力,使他们具备面对未来挑战的勇气和信心。同时,班主任还要秉持公平公正的原则,确保每位学生都能在平等、公正的环境中自由发展,根据自身兴趣、特长和理想设定个性化的目标,并辅以丰富的教育资源,让学生在追求目标的过程中体验到成功的喜悦。

在实现目标的过程中,有效的沟通机制不可或缺。班主任应定期与学生开展一对一交流或集体交流,及时了解其学习进展与心路历程,对其取得的成果给予积极反馈,对遇到的难题提供针对性指导。这种沟通不仅有助于激发学生的学习热情与信心,更能为班主任提供宝贵的教学反馈与改进依据。鼓励学生自主设定发展目标与计划,引导其学会有效的时间管理、优先级设置及学习策略调整。班主任当扮演引路人与支持者的角色,激发学生的主动性与创造性,而非仅仅施加外在的控制与约束。同时,培养学生的批判性思维,使其能够独立思考、自主决策,并勇于承担个人责任。身为教育工作者,我深知,管理学生是一项艰巨而重要的任务,它需要我拥有高瞻远瞩的目标设定能力和周密细致的规划执行能力。为实现既定目标，须精心筹划、周密部署。规划应涵盖详尽的时间表、任务清单及实施步骤，确保每一步都紧扣目标、有章可循。在实施过程中，还需灵活调整、持续优化，以保障规划的实效性与前瞻性。

三、智慧地管理班级

科学地制定班级目标

"科学考核制定的班级目标"深刻揭示了班级管理的核心要义,即通过制定明确、科学的班级目标,并建立有效的考核机制,从而确保班级的各项事务能够有条不紊地推进。一个优秀的班主任懂得如何激发班级成员的潜能,协调班级内部关系,建立一套有效的工作机制,从而确保各项任务能够顺利推进并实现目标。管好人,意味着要深入了解每一个学生的特点和需求,让他们在舒适的学习环境中发挥最大效能。同时,还需要培养一种积极向上的班级文化,营造良好的学习氛围,使每个学生都能感受到价值认同,愿意为班级的发展贡献自己的力量。

制定班级目标,先要立足实际,紧密结合学校的整体发展规划,充分考虑班级的特色和学生特点,提出具有可行性的目标。例如,可以设定学习成绩提升计划、德育活动开展方案、文体活动丰富程度等具体目标。这些目标的设定,一方面为学生指明了努力的方向,另一方面也为班主任提供了明确的工作重心。班级目标的制定和科学考核机制的建立，离不开学生的积极参与和共同探讨。班主任应该鼓励学生参与到目标设定和实施的过程中来，让他们提出自己的想法和建议，共同商定班级的目标和行动计划。这不仅可以增强学生的归属感和责任感，还可以使班级目标更加贴近学生的实际需求，更具针对性和可操作性。

科学考核是实现班级目标的重要保障。考核制度应公正、透明，既要关注个体差异，又要体现团队协同；既要注重过程，也要重视结果。通过建立完善的考核反馈机制，使每个学生都能了解自己的优缺点，及时调整学习态度和方法，进一步提高学习效果。同时，考核结果还应与班级资源的分配、激励措施紧密挂钩，以激发全班的积极性和创造性。在制定班级目标与科学考核的同时，班主任还需要注重培养学生的自主管理能力和团队协作精神。通过设立小组或团队项目，让学生共同参与目标的制定与实施，分工合作，互相监督，形成一种积极向上的班级氛围。此外，班主任应当扮演好引导者和监督者的角色，定期对班级目标的完成情况进行评估，及时发现问题并采取措施进行调整。同时，还要鼓励家长和社会力量参与班级管理，形成家校共育的良好局面，共同推动班级的进步和发展。在管理过程中，班主任及各学科老师要树立公正公平、以人为本的管理理念，充分尊重每一位学生的权利和尊严，用心关爱每一位学生的成长。通过这种方式，不仅能实现班级的各项既定目标，更能培养出具有责任感、良好品德

三、智慧地管理班级

和综合素质的新时代学生。班级目标的制定和科学考核应该是一种常态化的管理机制。在实施过程中，班主任和各学科老师要密切关注学生的进展情况，及时给予指导和帮助。对表现优异的学生，要及时表扬和奖励，以激发他们的积极性；对遇到困难的学生，要给予关心和支持，帮助他们解决问题。

班级目标管理不仅是一种管理方法，更是一种教育理念，能够激发师生的内在动力，凝聚班级力量，促进学生的全面发展。在这个过程中，班主任要不断学习新的教育理念和管理方法，提高自己的组织协调能力和解决问题能力。班主任要把班级目标管理作为班级文化建设的重要组成部分，在实现班级目标的过程中，培养学生的团队合作精神、自主管理能力和社会责任感，塑造积极向上、和谐共处的班级文化。班主任要认识到，每一个学生都是独一无二的，他们的成长和发展有着各自独特的轨迹。因此，在制定和实施班级目标的过程中，班主任必须充分尊重学生的个性差异，让每个学生都能在适合自己的领域中发光发热。为了实现这一目标，班主任可以设立多元化的评价体系，不仅关注学生的学习成绩，还要重视学生在德育、体育、美育等方面的发展。这样的评价方式将更全面地反映学生的实际状况，为他们的个性化成长提供有力的支持。同时，班主任还需要构建一套公平、公正且具有激励作用的奖惩机制。对表现优秀的学生，要给予适当的物质和精神奖励，可以是一句表扬、一个拥抱，或者是一份小礼物，但一定要真诚且具有针对性；对暂时遇到困难的学生，班主任也要及时提供帮助，可以是一个鼓励的眼神、一句关怀的话语，或者是一个指导性的建议，让他们感受到集体的温暖和支持。

科学考核制定的班级目标是班级管理的重要环节，更是培养学生自我管理能力和团队协作精神的有效途径。只要班主任立足实际，注重公正透明，培养学生的自主管理能力和团队协作精神，树立公正公平、以人为本的管理理念，就能实现班级的各项既定目标，培养出具有责任感、良好品德和综合素质的新时代学生。同时，要注重班级目标的可持续性，既要关注短期目标的实现，也要考虑长期目标的发展。最后，班级目标的制定和科学考核是一个动态调整、持续优化的过程，需要班主任和各学科老师根据实际情况，不断改进。只有这样，才能真正发挥班级目标管理的作用，推动班级工作迈向新台阶。

三、智慧地管理班级

良好的班风靠纪律

良好的班风如同璀璨的灯塔,照亮学生前行的道路。纪律是班风建设的基石,一个班级的纪律状况直接决定了班级的精神风貌。良好的纪律能够让学生明确自己的责任和义务,知道在班级中应该遵守哪些规定,从而形成自觉的行为习惯。这习惯不仅能帮助学生更好地融入班级生活,还能对他们的未来发展产生积极影响。

班级的纪律教育需要全班学生的共同努力,每个学生都应该明白纪律的重要性,并自觉遵守。班主任应该全面负责班级的纪律管理工作,关注每个学生的行为表现,及时发现和纠正不良现象。对于违纪行为,不能姑息迁就,要给予相应的教育和处理,让学生认识到违纪的后果。纪律的形成需要每个学生的共同努力。作为班级的一员,每个学生都要遵守纪律,尊重他人,积极参与班级的建设。只有这样,才能共同营造出一个良好的学习氛围,让班级成为学生成长的摇篮。一个班级的纪律状况不仅体现班级的精神风貌,更能塑造每一个学生的行为习惯。

良好的纪律也是培养学生道德品质的重要手段。通过遵守纪律，学生将逐渐认识到社会秩序的重要性，以及个人行为对他人的影响。这将有助于他们在日常生活中作出正确选择，并形成良好的道德习惯。班级文化是班级的灵魂，它能够激发学生的集体荣誉感和责任感，促进班级的凝聚力和向心力。班主任要积极倡导健康向上的文化，抵制消极现象，让班级充满活力。在班级文化的熏陶下，学生不仅要相互尊重、包容和帮助，更要学会理解和体谅他人，建立良好的人际关系。这样的班级环境不仅能激发学生对学习的热情，也能让学生在人际交往中学会合作与沟通，为适应未来的社会打下坚实基础。对表现优秀的同学，班主任应给予及时的表扬和鼓励，树立正面典型，激励更多同学看齐和效仿；同时，对违反纪律的行为，应在保护学生自尊心的前提下，进行耐心地批评教育，帮助学生认识到错误，并引导他们勇于改正错误。通过设立各类奖励机制和荣誉项目，让学生明白遵守纪律、积极进取不仅能为自己带来成就感，也能为班级赢得荣誉。

实施有效的沟通与家校合作机制对班级纪律管理至关重要。班主任应及时与家长保持联系，共同参与到学生的纪律教育中，共同为学生的成长护航。家长应该了解学校对纪律的要求，并在家庭教育中加强对孩子的纪律教育。这能让学生在家庭和学校中形成一致的行为习惯，有利于班级的纪律管理和班风建设。此外，纪律教育应当渗透到学科教学之中，各学科老师均需肩负起纪律教育的责任，将纪律教育与知识教育放在同等重要的地位。例如，在课堂教学中，老师可以结合课程内容，引导学生理解遵守纪律的重要性，让学生从思想深处认识到纪律是学习、生活的基石，是实现自我价值和社会价值的基本要求。

在处理班级纪律问题时，班主任应秉持公平、公正的原则，对待每一个学生应一视同仁，不偏袒、不歧视，用同样的标准衡量每一个学生的行为表现。这既能维护班级纪律的严肃性，又能培养学生树立法制观念。一个纪律严明的班级能为学生提供一种安全感。在这样的环境中，每个学生都遵守相同的规则和秩序，彼此尊重。这种安全感有助于学生专注于学习和成长，不必担心遭受不必要的困扰。一个纪律严明的班级能够自然而然地形成尊重他人、谦虚有礼的良好氛围。在这样的环境中，每个学生都会懂得尊重他人的意见，从而培养尊重他人、谦虚有礼的优良品质。这种品质不仅有助于他们在学业上取得进步，更能帮助他们建立良好的人际关系，为适应未来的社会打下坚实的基础。

班级的纪律教育是一项长期且持续的工作，需要班主任用心经营、耐心引导，用爱心关怀每一位学生的成长。只有真正做到全方位、多角度的纪律教育，才能让每一位学生真正明白纪律的重要性，自觉遵守纪律，从而形成良好的班风、学风。

正人先正己、做事先做人

开学伊始,我精心为每位同学的桌椅拂去尘埃,使之焕然一新,作为献给学生新学期的第一份礼物。对此,同学们报以雷鸣般热烈的掌声,这份认同与感激如春风拂面,令人心暖。这一年,班级的氛围愈发和谐融洽,各项工作有条不紊地推进。时光荏苒,毕业之际,学生把这一年共同度过的美好时光,巧妙地融入毕业典礼的节目之中,每一幕都凝聚着他们的欢笑与泪水,成为青春岁月中最宝贵的回忆。

"正人先正己"是我们做人做事的基本原则。它的意思是,要做一个正直的人,先要端正自己的思想和行为;要做好一件事情,先要学会做人。总结来说,"正人先正己"强调的是个人修养的重要性。一个人的品德和行为直接影响着周围的人,如果一个人自己不正直,很难影响和改变别人。"正人先正己、做事先做人"这句话非常简洁地概括了做人做事的基本原则,不仅体现了中国传统文化中的道德观念,也适用于现代社会。只要学生真正理解并践行这

三、智慧地管理班级

句话所蕴含的道理，一定能成为一个有道德、有品质、有影响的学生，也一定能做事成功。

班主任，作为班级的领航者与灵魂的铸造者，在要求学生恪守规矩、道德准则之前，应该自己先躬行实践，以自己的言行为学生树立道德标杆。班主任之所以在教育行业中被视为至关重要的角色，原因在于他们不仅负责传授知识，更重要的是塑造学生的品格。"正人先正己、做事先做人"不仅是一句口号，更是对教育方式的深刻阐述。班主任的一言一行、一举一动，都被学生视为榜样，从而对学生的品格塑造产生深远的影响。

班主任还需要具备敏锐的观察力和深刻的洞察力，能够深入了解每个学生的特点、需求和困惑，用爱心和耐心引导他们走出困境，助力他们全面发展。另外，班主任要"正人先正己"，还表现在对待工作的敬业精神。班主任应当以满腔的热情和责任心，对待每一项工作任务，无论是组织班级活动、策划教学方案，还是进行个别辅导、处理学生问题，都要全力以赴，做到精益求精。班主任的敬业精神，像一面镜子，反映学生对待学习和生活的态度，也会影响他们形成严谨、踏实、积极的人生态度。

身为班级的领航者，班主任肩负培养下一代的重任。班主任应不断提升自身素质，为学生树立优秀的榜样。班主任要以人格魅力与教育智慧感染学生，助力其健康成长。同时，班主任应积极践行社会主义核心价值观，并将其融入日常教育教学工作之中,引导学生树立正确的人生观。在日常的教学管理中,班主任要以身作则,将正确的价值观和人生观融入日常点滴之中。在培育学生诚信品质的道路上,班主任不仅要以言语教导,更要以行动示范,公正无私地处理班级事务,让学生亲眼见证何为诚实、何为守信。

班主任要"正人先正己",也要求自己在面对困难和挑战时,展现出坚韧不拔的精神风貌。教育工作中,难免会遇到各种问题,班主任应当以积极的心态面对困难,以坚韧的毅力克服挑战,用实际行动向学生阐释"逆水行舟、不进则退"的道理,鼓励他们在困难面前不屈不挠,勇往直前。班主任应当言行一致,坚守诚信原则,以身作则,教育学生树立正确的道德观念。在日常工作中,班主任不仅要在课堂上教授知识,更要在日常生活中展现良好的道德风貌,如尊重他人、公正无私、勤奋进取等,以此为学生的成长提供示范和榜样。

班主任"正人先正己"的理念,是教育事业中的信仰之光。班主任作为班级的领航者与灵魂的铸造者,应在"正人先正己"的理念指引下,不断提升自身素质与能力,用高尚的品德和精湛的技艺影响并感染每一位学生。

三、智慧地管理班级

抓日常班级管理的中心环节

在日常班级管理中，班主任要始终秉持抓中心环节、集中力量、重点突破的方法。这一方法不仅是班主任工作的指导原则，更是应对复杂多变任务的核心策略。中心环节，就像是一条绳子上的承重结，是整个工作系统的核心枢纽，也是制约工作效率和成果的关键瓶颈。因此，准确识别并牢牢把握工作的中心环节，可以以最小的代价取得最大的成效。面对复杂多变的任务时，要善于拨开迷雾，去伪存真，找准问题的核心所在。这是战略方向的抉择，关乎着整个班级发展的长远利益；也是项目实施中的关键技术攻关，决定着班级各项工作的顺利推进；也是团队建设中的能力提升，影响着班级整体实力的增强。一旦找准了中心环节，就要全神贯注地投入这个中心点上，调动一切积极因素，汇聚全部有效资源，全力以赴地推动其实施，尽快形成实质性的突破。

中心工作是一项涉及各方面的复杂工作，它既包含了纪律、卫生、学习等各方面的细节管理，又体现了对学生情感、心理、成长等深层次需求的关怀。班级纪律是保证学生正常学习和生活秩序的前提。课堂纪律是日常班级管理的基础环节，要培养每个学生尊重课堂、尊重知识的意识，使他们做到专心听讲，积极参与讨论，避免干扰课堂秩序。在班级管理中，要制定明确、合理的纪律，并严格执行。对于违反纪律的行为，要及时进行教育和处理，以维护班级的稳定与和谐。同时，也要注重培养学生的自律意识和责任感，让他们认识到遵守纪律是对自己和他人的尊重和负责。卫生是班级形象的重要体现，要建立完善的卫生管理制度，明确值日表和卫生标准，并定期进行检查和评比。这可以培养学生的卫生习惯和团队合作精神，同时也能营造一个整洁、舒适的学习环境。作为班主任或班级管理者，应明确日常班级管理的核心目标，即培养学生良好的行为习惯、学习习惯和团队协作精神。

班级氛围的建设也是日常管理的重要一环。每天早晨，组织学生进行有效的晨读或早锻炼，确保他们能在一个积极向上的氛围中开始新的一天。严格按照学校的作息制度和班级公约执行考勤制度，对于迟到、早退、旷课等现象进行及时跟进与教育引导，保持班级教学活动的连续性和稳定性。班主任要注重班级文化的培养，营造积极向上的班级氛围。尊重学生的意见和建议，让他们感受到班级的温暖和凝聚力。定期组织班会，让学生共同参与班级决策，总结近期班级事务，表彰优秀个人和团队，激励全体同学

三、智慧地管理班级

共同努力，共同进步。另外，积极开展各类德育活动，如志愿服务活动、劳动实践活动、心理健康教育活动等，让学生在实践中提升道德素养，锤炼品格。同时，班主任要善于运用激励机制，鼓励学生发挥潜能，争当优秀。

在日常班级管理中，班主任还需要注重与家长的沟通和合作。家长是孩子成长过程中最重要的支持者和参与者，班主任可以定期组织家长会或家访等活动，与家长保持密切联系，分享孩子在学校的表现和进步，共同关注学生的成长和发展。班主任还应保持与学生的良好沟通，关心他们的学习和生活，倾听他们的心声，为他们提供及时的指导和帮助。

中心环节并非一成不变，而是要根据内外部环境的变化及时调整。因此，班主任需要根据实际情况动态调整策略，确保中心环节得到最优化的执行。同时，要注重协同配合，加强横向联动，形成上下贯通、左右协同的局面，为解决中心环节的问题提供强大的合力。此外，班主任还要学会运用系统的思维和方法，深入分析中心环节与其他环节的内在联系和互动效应，以避免因集中力量攻坚克难而忽略了对其他工作的管理。在实际操作中，班主任不仅要保证中心环节得到集中有效地解决，还要密切关注其辐射带动作用的发挥，力求通过突破中心环节的问题瓶颈，实现整个工作系统的良性联动和协同发展。

在中心环节取得实质性突破后，班主任应及时总结经验，复盘整个工作过程，将成功的方法和策略归纳提炼为制度化、规范化的流程和标准，并推广应用到其他类似的工作场景中，从而实现组织效能的提升。同时，班主任还要鼓励创新思维和持续改进的精神，激发全体学生的学习热情和创造力，让整个班集体始终保持旺盛的生命力。通过不断的重点突破和持续改进，班级的工作将形成一个良性的循环，不断提升效率。在这个过程中，班主任还要注重培养和选拔优秀的班干部。班干部在工作中起着至关重要的作用，他们需要具备敏锐的洞察力和果断的决策能力，能够准确识别并把握住工作的中心环节，引领班集体全力以赴地推动其运转，形成实质性的突破。

三、智慧地管理班级

抓日常班级管理的薄弱环节

抓日常班级管理的薄弱环节工作是确保每个学生都能在良好的环境中茁壮成长的关键。薄弱环节包括问题学生和问题行为，以及可能影响班级学习氛围和秩序的其他因素。为了有效地进行班级管理，班主任要采取一系列措施识别并解决这些问题。

班主任需要识别班级中的问题学生和问题行为。这些学生和行为往往会影响班级的学习氛围和秩序，因此，需要被重点关注。可以通过多种方式来观察和沟通，找出问题所在，并采取针对性的措施进行解决。例如，可以定期组织班会，让学生分享自己的学习和生活情况，以便及时发现学生的情绪变化；还可以通过家校合作的方式，与家长共同关注孩子的成长，及时发现学生的问题行为。可以通过多种方式来观察学生的情绪变化，如观察学生的行为、听取学生的反馈、与家长沟通等。班主任一旦发现学生的情绪问题，应及时采取相应的措施，帮助学生调整情绪，保持积极向上的心态。例如，可以组织一些放松的活动，让学生放松心情；还可以提供一些心理辅导，帮助学生解决问题。

实施个性化教育也是抓好班级薄弱环节的关键之一。每个学生都有其独特的学习能力和兴趣爱好，因此，班级日常管理应注重个性化教育，充分发挥每个学生的长处，激发其学习动力。例如，可以通过组建学习小组的方式，让学生互相帮助、互相学习；还可以在安排座位时考虑学生性格和能力的差异，让每个学生都感到被关注和重视；提供适合每个学生发展的方式，让学生感受到自己的特性和被关注。这不仅可以提高学生的学习成绩，还可以培养学生的团队合作精神。班主任还需要关注班级中的弱势群体，如学习困难学生、行为问题学生等。这些学生往往需要更多的关注和支持，班主任可以采取个别化的教育措施，帮助他们克服困难，融入班级生活。同时，班主任还需要注重培养学生的团队合作能力和人际交往能力。班主任可以通过组织各种团队活动和小组合作项目，让学生在互动中学会沟通、协商、分工与合作，提高他们的团队意识和培养协作精神。

为了更好地把握班级薄弱环节，班主任可以建立一个有效的信息反馈机制，及时收集学生、家长和其他学科老师的意见和建议，以便针对具体问题进行及时的调整和管理。为了实现这一目标，班主任可以采取多种方式，如定期的问卷调查、面对面的交流会议，以及在线的反馈平台

三、智慧地管理班级

等。通过这些渠道和方式，班主任不仅可以获得关于课程设置、教学方法、学生需求等方面的直接反馈，还能了解到班级氛围、学生心理状态等难以量化的信息。这些多元化的数据，有助于班主任更全面地识别和诊断班级的薄弱环节。在收集到反馈后，班主任应及时进行分析和处理，找出问题所在，并制定针对性的改进措施。例如，如果发现某些学生在学习上遇到困难，班主任可以调整教学策略，提供更个性化的辅导；如果家长对某些方面有具体的建议和要求，班主任可以根据实际情况进行适当调整。这个过程中，班主任应当充分结合班级的实际情况，考虑学生的个体差异、家长的教育期望，以及自身的教学特点，以制定出最适合班级发展的管理策略。在实施改进措施的过程中，班主任要持续跟踪反馈效果，不断调整方案，确保问题得到解决，同时预防新问题出现。这种动态管理的方式不仅可以改善班级薄弱环节，还能激发学生的学习热情，增进师生之间的关系，提升班级的学习氛围。

班级日常管理需要班主任全方位、多角度的考虑，注重学生的身心健康和全面发展，采取科学合理的管理方法提高班级的管理水平和学生综合素质，为学生创造一个良好的学习环境。

班级管理中的时间管理

　　时间管理是班级管理中一个至关重要的环节,它不仅关乎学生的学习成绩,还影响学生的全面发展。作为班主任,需要科学合理地规划和运用时间,确保每一项教学活动都能按时进行,并且要让学生在规定的时间内完成学习任务,从而培养他们的时间观念和自律性。从课程安排的角度出发,班主任务必严格遵循学校制定的作息时间表,确保每一天的教学活动能够井然有序地进行。具体来说,就是要保证上课、下课、午休和自习等常规时段严格被执行,营造一个有规律的学习环境。同时,根据不同学科的特点,合理安排教学进度,既要保证学生有充足的时间消化新知识,又要避免浪费时间,提高教学效率。

　　充分利用课余时间进行个别辅导或集体活动,时间管理在班级管理中具有至关重要的作用。例如,可以在午休时间组织听力训练、阅读分享等活动,通过这些活动,学生在轻松愉快的氛围中不知不觉地提高了能力。此外,班主任也可以利用课间操时间进行跳绳等锻炼活动,增强学

三、智慧地管理班级

生的体质。最重要的是，班主任应当教育并引导学生认识到时间管理的实质意义，让他们明白时间的宝贵和如何有效地利用时间。鼓励学生制订个人学习计划，包括每天、每周，甚至每月的时间规划，让他们根据自己的学习特点和节奏，合理分配学习时间，提高学习效率。在信息技术日新月异的今天，班主任也可以借助各类时间管理软件，帮助学生更好地管理和规划时间。例如，利用待办事项清单明确学习任务和进度，运用时间管理 App 监控和调整时间分配，以提高学习效率。

在培养学生时间管理能力的同时，班主任还要注重培养学生的自我管理能力。班主任要鼓励学生自我调整，学会自我激励和自我约束，以更好地掌控自己的学习和生活。可以通过组织小组讨论、合作项目等方式，培养学生的团队协作能力和沟通交流能力，从而提高学生的综合素养。班主任应当结合学科特点，将时间管理理念融入日常教学中。例如，在理科教学中，可以引导学生制订实验计划，合理安排实验步骤，以最高效的方式进行实验探究。在文科教学中，可以指导学生制订阅读计划，提高阅读速度和理解能力，从而提升人文素养。在处理突发事件时，班主任也要注重培养学生的灵活应变能力和时间调整技巧。例如，当面临突然改变课程安排或增加学习任务的情况时，学会如何快速调整学习计划，优先处理重要且紧急的事情，保证完成核心任务。

班级管理中还需要建立一套公平、公正的时间管理制度和激励机制。例如，设立奖励措施，对那些能够高效利用时间、出色完成学习任务的学生给予肯定和表扬；对那些拖延时间、影响班级整体进度的学生进行引导和教育。此外，班主任还可以引导学生掌握一些实用的时间管理技巧，如优先级矩阵、番茄工作法等，帮助他们更好地规划和管理时间。同时，班主任还可以通过课堂讨论、案例分析等方式，让学生了解时间管理的重要性，培养他们的时间管理意识和能力。在团队学习或项目中，班主任可以引导学生运用时间管理技巧，提高团队效率。例如，通过明确分工、设定里程碑等方式，确保团队成员能够按时完成各自的任务，从而实现项目的顺利进行。

为了更好地培养学生管理时间的能力，班主任还可以与家长密切合作，共同参与孩子的时间管理。家长可以协助孩子制订在家中的学习计划，确保孩子在家庭环境中也能养成良好的时间管理习惯。通过家校合作，共同推动学生时间管理能力的提升，实现学生全面发展。通过科学合理的规划与运用时间，培养学生的时间观念和自律性，掌握实用的时间管理技巧，推动学生时间管理能力的提升，班主任能为学生的未来奠定坚实的基础，助力他们在竞争激烈的社会中取得成功。

三、智慧地管理班级

及时跟进、适时督促

第二学期，班级学生课堂纪律稍显散漫，卫生状况亦有待提升。这些小问题如若不加以及时矫治，长此以往，必将影响班级整体的学习成绩。我采取了一系列举措，以重塑班级管理的良好风貌，使每个学生都深刻体会到自己所肩负的责任与义务，并对班级制度进行优化升级，明确各项规章制度的要求，并严格执行，确保班级秩序井然。我还选拔了多名品学兼优的学生，让他们参与到班级管理的具体事务中，通过实践提升自己管理能力。为了更好地实现家校共育，我特意设置了定期的家长座谈会，与家长深入交流学生在校的表现及在家的生活状况，以便更全面地掌握学生的成长动态，及时跟进。在我的引领下，班级又逐渐恢复成那个充满活力、充满正能量的集体。

班级管理需要时刻关注、精准跟进，这是构筑学生健康成长基石、营造积极学习氛围的关键举措。班主任作为班级管理的核心舵手，肩负着指导班级日常运作的重任。同时，班主任还需深入洞察学生的心理世界，及时与学生沟通交流，疏解困惑。

班会作为班级管理的重要载体，不仅培养了学生的管理能力，还增强了班级的凝聚力。班委成员作为班主任班级管理的得力助手，在班长、学习委员、生活委员等角色的引领下，协助处理班级日常琐事，组织丰富多彩的活动，反映同学意见，促进班级内部的和谐团结。定期召开的班会，更是让全体学生共同参与班级管理的舞台，通过自我管理与自我监督，不断提升个人素养。

班主任还应积极搭建家校共育的桥梁，与家长保持密切沟通，共同关注学生的成长轨迹。通过召开家长会、家访等形式，了解学生在家里的表现，同时向家长传达学校的教育理念与班级管理要求，反馈学生生在学校的表现，形成家校之间的教育合力，共同助力学生的成长。

在信息化、网络化日益发展的今天，以网络技术和多媒体技术为核心的信息技术为教学工作注入了无限生机与活力，班主任应善于利用信息化手段，建立班级微信群等互动平台，及时上传学生的学习成果和活动照片，让家长及时了解孩子在学校的成长点滴，增进家校之间的信任与协作。同时，班主任还可以利用这些互动平台，推动家校共育，鼓励家长参与学校的各项活动，如家长开放日、家长志愿者等，让家长更深入地了解学校的教育理念和孩子的成长过程。通过家长的参与，共同为孩子的成长助力。

班主任还需要勤于自我学习与提升，通过参加各类培

三、智慧地管理班级

训、研讨等活动，不断更新教育理念与方法，提升专业素养与管理能力。此外，班级管理之"勤"亦体现在对班级活动的精心策划与组织。班主任应积极策划并举办丰富多彩的班级活动，如主题班会活动、社会实践活动、志愿服务活动等，以增强班级凝聚力，提升学生的综合素质。

班主任通过关注每位学生的成长，帮助他们建立良好的习惯和品行；通过挖掘学生的潜能，鼓励他们积极参与各类活动，提高综合素质；通过与家长的合作，共同助力学生的成长；通过班级活动的组织，让学生在紧张的学习生活中感受到乐趣和集体的温暖。班主任应该认真对待每位学生，及时跟进，适时督促他们，将其贯穿于工作始终，以此推动学生的个人成长。

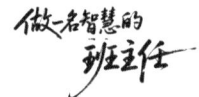

做好日常工作的检查

班级管理,像一艘航行在大海中的船只,需要不断地调整方向,以适应海风风向。做好每天的日常工作,意味着要关注细节,从每一个细微之处着手,把每一项工作做到精益求精。做好日常工作的检查,体现了对工作的敬业和执着,以及对学校和班级发展前景的坚定信心。通过日复一日、年复一年的辛勤耕耘和不懈努力,班主任才能够带领团队不断突破自我,实现既定的目标。

每天,班主任都要以饱满的热情和严谨的态度,对待班级的各项事务。从早上的晨读开始,到晚上的晚自习结束,每一个环节都蕴含着班主任的辛勤付出和智慧结晶。班主任时刻关注着每一位学生的成长和发展,用爱心和耐心,为他们提供最好的学习环境。班主任要以饱满的热情、严谨的态度和创新的精神,让班级管理工作更加出色,为学生的成长和发展提供坚实的保障。

班主任要明白,班级管理并不只是一种任务,更是一种责任,是对每一个生命的尊重和关爱。班主任要以更加

三、智慧地管理班级

坚定的信念,更加饱满的热情,更加智慧的方法,迎接每一次挑战,创造一个充满活力、充满关爱的班级环境。在这个过程中,班主任会收获满满的成就感,看着学生一天天长大,一点一滴地进步,会感到无比自豪。班主任还将收获丰富的专业知识经验,在应对挑战、解决问题和创造性地实施教育策略的过程中,不断提升自己能力,深化对教育行业的理解,锤炼教育教学技艺,逐步形成一套适应新时代教育教学需求的班级管理模式。

在检查工作中,班主任要细致入微,不要放过任何一个可能存在的问题。通过定期开展安全检查、卫生检查、纪律检查等,确保班级的各项事务能得到及时有效地处理。同时,班主任还要善于总结和反思,将检查结果及时反馈给相关同学,帮助他们改正错误,提高自我管理能力。在迎接每一次挑战时,班主任要积极应对,勇于创新。班级管理并非一成不变,而是需要随着时代的发展和学生的特点进行动态调整。班主任要善于借鉴他人的成功经验,同时结合本班的实际情况,制定切实可行的班级管理制度。

班主任还要注重与家长的沟通与合作。家长是孩子成长过程中最重要的支持者和参与者,他们有权了解孩子在学校的表现和成长情况。因此,班主任要定期与家长进行交流,汇报孩子在班级中的表现,与家长共同促进孩子的成长。班主任还要不断提升自我,通过参加教育培训、交流研讨会等活动,提高自己的班级管理水平,更新自己的教育教学方法，努力成为同学的朋友和引路人，为他们提供全方位的帮助和支持。在处理班级突发事件时，班主任要冷静应对，公平公正地对待每一位学生，用心倾听他们的声音，理解他们的需求和困惑，用爱和理解来引导他们走出困境，树立正确的价值观和人生观。

班级管理是一项既富有挑战又充满机遇的工作，要求班主任全心投入，敏锐洞察，巧妙施策，以爱为基石，以智慧为武器，迎接每一天，陪伴和见证每一位学生的成长。

三、智慧地管理班级

唯有坚持，才有收获

班级管理，作为教育工作的基石，其成效并非一蹴而就，而是需要班主任持之以恒、久久为功地努力。在管理班级时，班主任需要有明确的目标，并为之制订详尽的计划。每一位学生都是一颗独特的种子，他们需要阳光雨露的滋养，也需要风吹雨打的磨砺。班主任要深入了解每一个学生的特点，因材施教，让他们在班级这个大家庭中茁壮成长。

"不积跬步，无以至千里。"班级管理的精髓在于对点滴细节的关注与累积，班主任要以勤奋扎实的态度，从细微处着手，用心关注每一个学生的成长变化，体贴入微地关心他们的生活琐碎，严谨细致地指导他们的学习，让每一位学生切实感受到被关爱，从而点燃他们内心求知的火花，激发他们迎难而上的勇气。

坚持不懈的班级管理，实际上是一种情感的教育，是一种精神的磨砺，也是一种智慧的体现。只有持之以恒地付出，真心实意地关注学生的成长，才能真正实现教育的目标，为社会培养出更多具有高尚品德、丰富知识和强大能力的优秀人才。班主任需要对每一位学生抱有耐心和信心，全面关注他们的学习、生活和心理健康，以细致入微的管理方式和科学合理的教学策略，持续不断地培养学生的综合素质。例如，在激发学生学习兴趣方面，班主任要针对不同层次的学生设计适宜的教学方案，激发他们的主动性和积极性；在辅导困难学生时，要给予更多的关心和支持，找到适合他们的学习方法。同时，良好的班级风气是班级管理的重要目标，通过组织多样化的集体活动，培养学生的团队协作能力和集体荣誉感。班主任还需家校合作，与家长保持密切沟通，共同构建良好的教育环境，促进学生的健康成长。这一切需要班级管理者坚持不懈地付出努力。这种坚持不仅体现在对每一位学生的关注和辅导上，还体现在对班级整体发展的规划和执行上。

"教无止境，学无止境。"在班级管理的道路上，班主任应当秉持开放、学习的态度，持续吸收新的教育理念，创新管理方法，以满足学生不断变化的需求。班主任要把每一次的成功都视为新的开始，将每一阶段的挑战都转化为前进的动力。同时，班主任也需要明白，班级管理不仅是要维持秩序、确保学生安全、促进学习进步，更是塑造人格特质、培养社会适应能力和团队协作精神的关键环节。在具体实践中，班主任要关注每一位学生的个性发展，尊重他们的差异，激发他们的潜能，让他们在班级这个微型

三、智慧地管理班级

社会里,学会尊重他人、理解他人、帮助他人。在坚守教育阵地的漫漫长路上,班主任应时刻保持对教育事业的热情与初心,积极应对来自各方面的挑战和压力,不断充实自我,提升专业素养,以良好的师德师风感染和启迪学生。同时,班主任还需要学会适时地放手,让学生自我管理和自我教育,使他们不断学习和成长。

班级管理的过程中,必然会遇到各种困难和挑战。这时,班主任需要以坚韧不拔的精神,去应对一切艰难险阻。班主任要不断学习先进的班级管理理念和方法,提高自己的管理水平;要积极与家长、同事沟通合作,形成教育合力;更要注重自我反思和总结,不断提升自己的教育智慧。只有坚持不懈地付出,班主任才能看到班级管理的成果。当班主任看到学生们一个个茁壮成长,班级秩序井然有序,家长满意度不断提高时,成就感便会油然而生,所有的付出都是值得的。这成果并非班级管理工作的终点,而是一个全新的起点。它激励我们继续前行,以更高的热情、更严谨的态度,投入下一阶段的班级管理工作中。

班主任需要知道,坚持不懈并不意味着独自承担一切或过度操劳。相反,优秀的班级管理要善于调动学生的主动性,激发他们的潜能,形成师生共同参与、相互协作的良好局面。只有在这种和谐互动的氛围下,才能最大限度地促进每个学生的全面发展,实现班级管理的长远目标。在坚持不懈的过程中,班主任还需要具备灵活应变的能力,根据班级和学生个体的实际情况适时调整管理策略。教育的情境千变万化,没有一种方法可以解决所有问题。因此,班主任应以开放的心态面对挑战,勇于创新,不断探索适应学生需求和时代变化的方法。班主任只有用心管理,用爱关怀,用智慧引导,才能真正取得显著的成果,帮助学生茁壮成长。

三、智慧地管理班级

对班级秩序被破坏零容忍

小惠老师,一位缺乏经验却仍怀揣初心的新班主任,站在讲台上,惊恐地面对着台下的纷乱景象。学生似乎沉醉于课间欢腾的余韵,谈笑风生、追逐嬉戏,完全无视了课堂纪律的庄严。她平复内心的波动,用温和而坚定的语气对全班说:"同学们,课间的欢笑已过去,现在是上课时间,我们需要共同遵守课堂纪律。请把课本拿出来,准备开始上课。"说完,她走到讲台一侧,静静地等待着。随着时间的推移,整个班级的氛围逐渐变得宁静而专注。对班级秩序被破坏零容忍,是对教育教学环境的坚决维护,也是对学生行为规范的严格塑造。班级秩序是保证教学活动正常进行的条件,是培养学生遵纪守法、尊重他人、自我约束的重要载体。

不容忍班级秩序被破坏,不仅是一种责任,更是一种使命。维护班级秩序是班主任工作的组成部分,也是培养学生成长的途径。只有班主任用心做,用心教育,才能让班级成为一个充满活力、积极向上的集体,才能让学生在这里茁壮成长，收获满满的知识和技能。只有班主任用心维护，用心教育，才能让班级成为学生学习成长的乐园，才能让学生在这里养成良好的行为习惯，塑造完美的人格。

班主任要时刻保持警觉，敏锐发现可能破坏班级秩序的行为。一旦发现，要立即采取行动，进行制止和纠正，不能袖手旁观，更不能让不良行为肆意滋生。维持班级秩序是班级每个学生的责任和义务。班级每个学生都要以实际行动践行这一理念，从自己做起，从现在做起，共同为创建一个和谐、有序的班级环境而努力。班主任要学会运用恰当的方法解决问题，比如通过协商、调解，以维护班级的秩序。

班主任要建立一套行之有效的班级管理制度，明确各项行为规范，并严格执行，让学生在日常学习生活中逐渐养成良好习惯。班主任还要积极搭建学生成长平台，鼓励学生参与各类社团活动和兴趣小组，通过实践锻炼能力、展示才华、履行责任。学生能在体验中不断提升自己的能力，逐步形成良好的人格，也能更好地理解和珍视班级秩序所带给大家的共同利益。班主任还需要建立健全的奖惩制度，对表现出色的学生和良好行为予以表彰和奖励，以激发全体学生积极向上的热情；对于破坏班级秩序的行为，应根据情况的严重程度，采取相应的措施进行纠正和惩戒，让学生明确认识到违规行为的后果。在处理学生问题时，班主任应当充分尊重学生的尊严和权利，遵循"爱护、公

三、智慧地管理班级

正、耐心"的原则，深入了解事情的真相，听取各方意见，做到公平公正。即使面对调皮捣蛋的学生，也应以爱心和耐心为基业，用智慧和勇气化解难题，教育引导学生认识错误，积极改正。

班主任还需要与其他任课教师紧密合作，共同探讨和维护班级秩序。每位教师都有自己的教学风格和特点，他们的协作可以使学生更好地适应教学环境，提高教学效果。同时，教师的合作也可以为学生树立榜样，让他们明白尊重他人、团结协作的重要性。班主任还要善于运用家校联系、团队协作、班级活动等多种形式，构建起和谐的家校关系，培养学生的团队精神和集体荣誉感，增强班级凝聚力。在组织各类活动的过程中，班主任要鼓励学生积极参与，通过实践锻炼，让学生体验到遵守纪律、尊重他人、团结协作的重要性，从而自觉维护班级秩序。

班主任的协调艺术

协调艺术是一种深谙人与人、人与事之间微妙关系，并能巧妙运用各种手段以达成共识和平衡的智慧。它不只是一种技巧，更是一种深入人心的能力，一种能理解他人需求，并在此基础上寻找最佳解决方案的艺术。班主任在班级中运用协调艺术，是基于对全体学生的总体把握和个别辅导上，其目的在于在各种情境下巧妙地调解和平衡师生之间、学生之间的关系，最终营造一个和谐有序的学习氛围。

在班级中运用协调艺术，需要在矛盾初现时敏锐察觉，及时介入，避免事态扩大；在冲突激烈时，冷静分析，找准关键节点，化解矛盾；在达成共识后，坚守承诺，跟踪落实，确保协调成果得以体现。班主任像一曲交响乐的指挥家，需要精准地把握每一位乐手的需求，协调各种乐器的音调，使得整个乐章和谐统一；又如同一艘船的舵手，不仅要知道船上每个人的航行意愿，还要洞察大海的潮汐风向，灵活应对各种突发情况，确保船只安全抵达目的地。

三、智慧地管理班级

班主任在分配班级资源时，要兼顾公平与效率；在组织各类班级活动的过程中，应充分考虑每位学生的特长，合理分配任务，确保每个学生都有展示自己能力的机会，避免出现因分工不合理而导致的矛盾。班主任要通过合理的激励机制，鼓励学生积极参与班级事务，增强班级凝聚力。在关注学生全面发展时，班主任还需注重个体差异，理解每位学生的独特性和情感需求。在协调的过程中，需要摒弃偏见，以开放的心态接纳和理解各方的观点与诉求。在对话与交流中，用真诚和耐心倾听，用心感知对方的情绪，才能真正走进学生的内心世界，找到问题的症结所在。通过灵活的策略和睿智的建议，引导各方走出各自的利益圈，站得更高、看得更远，共同探寻既能满足眼前需求又不损害长远利益的途径。

协调并非把自己的观点和决策强加给他人，而是要尊重每一个人的观点和权益，即使意见相左也要做到求同存异，让每个人都能在协调的过程中感受到被尊重和被理解。好的协调结果应当是各方共赢，皆大欢喜，共同为创造一个和谐、有序、公平的班级环境贡献力量。班主任要学会花时间与学生进行真心的交流，倾听学生的心声，关心学生的生活、学习，帮助他们解决实际困难，从而建立深厚的情感纽带，增进互信。在面对学生的情感波动或心理困扰时，班主任需提供及时的情感支持和专业的指导意见，引导学生走出困境，保持乐观的心态。

协调的艺术还要求班主任具备高度的创新意识和创新能力。在面对复杂多变的情况时，能够跳出固有思维，提出创新的方案，为各方提供帮助。在面对学生的个性差异和多元需求时，班主任还需要展现出卓越的整合与协调能力。在处理学生冲突时，班主任需要充分展现其调解技巧。当学生发生矛盾纠纷时，班主任应保持冷静，公正公平，既要深入了解事情的原委，又要尊重每一位学生的权利，引导他们通过理性沟通和协商解决问题，学会尊重他人观点，表达自身意见，从而培养班级内良好的团队协作精神。

每个学生都拥有不同的天赋、兴趣和问题。班主任应当擅长运用各种教育资源，设计分层教学和个性化辅导策略，既关注优秀生的拔尖培养，也确保困难生能够得到适当地帮助和支持。在评价教育成果时，班主任要充分了解每个学生的特点，发现他们的优点，通过激励性的评价和个性化的指导，激发学生的学习热情。鼓励学生之间的互动交流，学会倾听、尊重和接纳他人的观点，培养他们的团队协作精神。

班主任自身也要不断提升专业素养和教育能力，以高尚的师德和人格魅力为学生树立榜样，用爱心和耐心陪伴学生成长，做学生人生道路上的引路人。

三、智慧地管理班级

相互尊重、与人为善

"相互尊重、与人为善"是中华民族千年来的传统美德，更是构建和谐社会的基础。在面对他人的困苦和无助时，能及时给予关心和支持，让身处困境的人感受到温暖。同时，善于倾听他人的意见和建议，以积极的态度理解和体谅他人，这样才能真正赢得他人的信任。在人际交往中，"相互尊重、与人为善"能促进人际关系的和谐稳定。每个人都有自尊心和情感需求，渴望得到他人的理解和尊重。

尊重他人的观点和行为，是学生在班级中与他人和谐共处的基础。让学生学会倾听他人的意见，即使他们的观点与自己的不同，也要保持冷静，理性地沟通交流。这样，学生才能更好地理解彼此，达成共识，共同进步。在班级管理的过程中，班主任也要注重公平公正，充分尊重每一位同学的尊严和权利。相互尊重、与人为善，不仅是做人的准则，更是班级管理的精髓。学生携手共进，以尊重为桥，以善良为舟，共同打造一个和谐美好的班级家园。在这个家园中，每位成员都应以平等的姿态相互交往，即使面对意见相左或利益冲突的情境，也要坚守尊重与理解的底线，通过协商和对话寻求共识，化解分歧。对困难生的关爱与帮助更是班级大家庭不可或缺的一部分，班主任要通过真诚关怀和耐心辅导，让每一位学生都能在公平公正的环境中得到全面发展，感受到来自集体的温暖与力量。

作为班级管理者要积极倡导正能量，坚决抵制一切形式的歧视、欺凌和孤立行为，让每一位班级成员都能得到应有的尊重和对待。在相互尊重、与人为善的班级环境中，班主任要塑造良好的班风和学风，让它们如春雨般滋润每一个学生的心田，让他们在愉快、和谐、积极向上的氛围中茁壮成长，收获丰富的知识。同时，班主任还要培养班级成员的团队协作精神和社会责任感，让他们明白每个人都是班级的一分子，都有责任和义务为班级的发展贡献自己的力量。在相互尊重、与人为善的氛围下，建立一个团结友爱、互助互励的集体，让每个人都能在这个集体中找到属于自己的价值。

作为班级管理者要以身作则，用自己的言行示范如何尊重他人、与人为善，让每一位班级成员在日常生活和学习中受到感染，共同营造一个和谐、积极向上的班级氛围。在班级管理中，班主任应建立一套公平、公正的评价机制，让每位同学都有参与评价的机会，从而增强他们的责任感。同时，班主任也要定期反思和调整班级管理策略，确保管理方式始终符合班级的整体利益。

三、智慧地管理班级

作为班级管理者,班主任要培养班级成员的公民意识和社会责任感,让他们明白每个人都有义务为班级的成长和发展贡献自己的力量。同时,班主任还要注重培养团队的协作精神,通过组织多样化的集体活动,让每位同学都有机会展示自己的特长,并在共同合作中锻炼沟通能力、协调能力和解决问题的能力。在活动中,班主任要强调团队精神,鼓励班级成员相互支持、相互帮助,形成团结友爱、互助互励的良好氛围。

在班级管理中,班主任还要充分利用各种资源和平台,为班级成员提供展示才华、锻炼能力的舞台。例如,组织各类学术竞赛、文艺表演、体育比赛等活动,让每位同学都能找到适合自己的平台,发挥自己的特长,实现自己价值。班主任要和学生一起携手并肩,以尊重为基石,以善良为纽带,共同构建温馨和谐的班级大家庭。

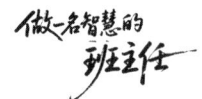

多种激励方式的整合运用

激励教育是一种深受人们欢迎、独具成效的教育教学方式,它能够帮助学生在学习等层面实现全面发展。为了更好地实施激励教育,班主任可以根据学生的兴趣爱好、特长以及需求,灵活运用多种激励方式。例如,对喜欢阅读的学生,班主任可以设置阅读角,提供丰富的图书,让他们在课余时间沉浸在书海中;对善于动手实践的学生,班主任可以组织各种手工制作、科学实验等活动,让他们在实践中锻炼能力,展现自己的创造力。班主任还可以结合学生的学习成绩、课堂表现等方面,采用多元化的激励手段。例如,定期开展知识竞赛、辩论赛等活动,让学生在比赛中提升自己的学习能力,同时也能感受到学习的乐趣。此外,班主任还要积极推行个性化教育,针对每个学生的特点,制定相应的激励方案,帮助他们找到自己的优势,进一步激发他们的学习热情。

班主任要把物质奖励与精神鼓励相结合,使学生在受到外界激励的同时,更能体会到内在的成就感。物质奖励

三、智慧地管理班级

可以包括学习用品、荣誉证书等；精神鼓励则可以通过表扬信、公开表彰等方式，让学生感受到自己的努力和进步。同时，班主任应倡导互助互励的学习氛围，鼓励学生之间互相激励，共同进步。例如，开展学习小组活动，让成绩优异的学生帮助后进生，通过团队合作提高学习效果。这不仅可以培养学生的团队协作能力，还能增强班级凝聚力。

在实施激励教育时，班主任要注重因材施教，关注每一个学生的个性发展和需求。班主任要通过观察学生的日常表现、兴趣爱好、特长优势，以及学习成绩的变化情况，及时调整激励策略，确保每位学生都能在恰当的激励下茁壮成长。班主任要定期对激励教育的方式进行总结和评估，不断优化和完善相关机制。班主任还要关注学生的反馈意见，及时调整激励措施，确保它们能够切实满足学生的个性化需求，促进学生的全面发展。对学习困难生或行为偏差的学生，班主任应善于运用罗森塔尔效应，给予他们更多的关注与期待，通过肯定、鼓励和引导，帮助学生发现自己的优点，激发他们的内在动力，从而实现自我成长与转变。

为了更好地实施激励教育，班主任还需要加强家校合作，充分调动家长的积极性和主动性，通过定期举行家长会、家长工作坊等活动，向家长介绍激励教育的理念和方法，帮助家长掌握正确激励学生的方式。通过近距离地感受学校的教育教学方式，增强家长对学校教育理念的认同感，这不仅能够加深家长对孩子在校表现的理解，还能让家长掌握正确激励孩子的方法，进一步提高家庭教育的效果。班主任还应积极倡导学生参与社区服务、公益活动等课外实践项目，将学校教育延伸至社会领域，让学生在实践中锻炼能力、提升素质。通过社会资源的有效整合，为学生提供更加多元化、更具挑战性的学习平台，从而促进学生的全面发展。

班主任应当重视学生的个性化需求，鼓励并引导他们根据自己的兴趣爱好和特长进行深入探索和发展，不断创新和丰富激励方式。

三、智慧地管理班级

对待学生宽严相济

在教育过程中,智慧和策略是不可或缺的,它们构成了教师有效引导和激发学生潜能的核心能力。这种能力体现在对学生差异的深刻理解,要求教师秉持因材施教的原则,让学生个性得到充分地呵护与培育。同时,教师要把握好教育的底线,对学生进行必要的规则教育和纪律约束。

宽的方面,班主任需要积极营造和谐、宽松的学习氛围,尊重每一位学生的独特见解,支持他们勇敢表达、敢于尝试,培养他们的批判性思维和创新能力。班主任还应鼓励他们积极参与课外活动和社会实践,锻炼社会交往能力和团队协作精神。严的方面,班主任必须坚守教育底线,对违反校规校纪、触犯法律的行为,必须依法依规给予相应的纪律处分,以维护校园秩序和公共利益。在实施纪律处分时,班主任应注重公平公正,不偏袒任何一方,既要让学生明白错误行为的严重后果,又要避免对他们的人格尊严和心理健康造成伤害。

宽严相济,实质上是在尊重学生天性的基础上,恰到好处地把握教育的尺度，既充分释放学生的个性潜能，又引导他们遵循基本的道德准则和社会规范。这种教育方式旨在培养德才兼备、人格健全的新青年，使他们既能适应社会竞争的需求，又能坚守自我价值，为社会发展贡献力量。在现代教育环境中，宽严相济的原则要求班主任具备灵活多样的教育手段，能根据不同学生的特点、不同情境下的行为表现，适时调整教育策略。班主任既要鼓励学生独立思考、自主探索，激发他们的内在学习动力和创新精神，又要适时适度地进行规范教育和行为指导，引导学生树立正确的道德观念和行为准则。通过适度放手，让学生有机会自我探索、独立思考，培养解决问题的能力；通过明确责任分工，让学生参与到班级管理和自我服务中，体验成功的喜悦和失败的挫折，增强他们的责任心和担当精神。

通过实施合理且适度的宽严相济教育策略，班主任能在确保学生感受到温暖和支持的同时，让他们切实体会到规则和责任的约束，从而助其找准自由与纪律之间的平衡点。只有这样，学生才能充分发挥自己的潜能，成长为具有责任感、敢于担当的新青年。为了更好地践行宽严相济的教育理念，班主任需要不断提升自己的教育素养和专业能力，并积极探寻适应不同学生特点的教育方法和策略。在现代教育环境中，班主任不只是知识的传递者，更是学生的情感支持者、人格塑造者和创新能力培养者。在宽严相济的教育过程中，班主任应当扮演一个全面而立体的角色，既要关注学生的学业进步，也要关心他们的心理健康；既要严格要求他们遵守社会规范，也要倾听学生的声音，理解学生的烦恼；还要关注他们的兴趣爱好，为他们提供个性化的指导。

宽严相济的教育方式是一种需要智慧和技巧的教育策略，要求班主任具备深厚的教育学和心理学素养，能够根据不同学生的特点、需求和兴趣，灵活调整教育策略。通过宽严相济的教育方式，班主任可以帮助学生更好地成长和发展，培养他们成为有责任感、有担当的新青年。同时，班主任还需要注重与学生的沟通和交流，了解他们的想法和需求，引导他们树立正确的价值观和人生观。良好的师生关系是实施宽严相济教育的前提和基础，只有真正与学生建立信任和尊重的关系，班主任才能更好地发挥教育作用。

给学生积极的暗示

小韩尽管聪慧过人,但在学习上显得信心不足,心中充满了不安。我给他讲述了一个科学家所做的实验。实验中,科学家将学生分为两组,两组学生的能力相当,给予的资源也完全相同,唯一的区别是一组学生得到了积极暗示,而另一组没有。实验结果表明,获得积极暗示的那组学生取得了更为出色的成绩。我借此告诉他,他同样具备取得卓越成绩的能力,关键在于他是否愿意相信自己,勇敢迈出这一步。从那以后,小韩开始转变心态,用积极的语言暗示自己,坚信自己能战胜一切困难。他的学习成绩逐渐提升,自信心也日益增强。向学生巧妙地传达正向的激励暗示,不仅有助于铸就他们的自信,更能点燃他们的学习热情,激发他们的无限潜能。

在充满智慧的教育旅程中,班主任的任务可不限于传授知识,更深远的在于激发学生的潜能和塑造他们的人格。积极的暗示如同一股清澈甘甜的山泉,能够沁入学生的心田,为其成长提供源源不断的养分。例如,在课堂讨论环

三、智慧地管理班级

节中,当学生鼓起勇气发表个人见解,或者提出富有创新性的思路时,班主任应及时给予正面反馈,表扬他们的创新思维和独立思考能力。这不仅能激发学生的好奇心和探索欲,使他们更加主动地投入学习与探索中去,也能激励其他学生勇于发表个人观点,参与到课堂活动中来。在课堂的提问环节或小组讨论中,一旦看到学生精准无误的回答或卓越的表现,班主任应迅速捕捉这一闪光点,并用赞赏的言辞给予及时回应。诸如:"你的回答精确且到位,可见你对课前知识的钻研之深"或"你的见解独具慧眼,展现了你卓越的独立思考能力"。这些正向激励如同春风化雨,能让学生感受到自己的努力与付出得到了充分的认可,从而激励他们在今后的学习道路上更加专心致志、锐意进取。

班主任不仅是学生知识学习的引路人,更是他们人格塑造的镜子。班主任通过自己的行为示范传递积极暗示,例如对待工作的敬业精神、面对挑战的坚韧态度以及对人生目标的执着追求等,都将成为学生心中的榜样。班主任还可以通过举办励志讲座、成功案例分享会等活动,让学生从他人的经历中汲取营养和力量。班主任应当精通并且善于运用肯定性的语言。这种语言不只是表面上的表扬和赞美,更是对学生辛勤努力与取得成绩的深度认同和建设性反馈。班主任应当练就敏锐的双眼,及时发现并认可学生的每一次进步,让他们明白,自己的努力并非默默无闻,而是被看见、被珍视、被期待的。

班主任还应善于运用身体语言和口头语言等方式和手段,如投以赞许的目光、送上温馨的微笑、点头示意鼓励等,以及使用诸如"你定能胜任此项工作""你的进步有目共睹"等简洁而真挚的赞美之辞。这些微不足道的小举动,能让学生深切感受到被关注、被尊重,进而转化为他们自我激励的强大动力。组织丰富多样的合作性学习活动同样是实施积极暗示的有效举措。让学生在团队协作中发挥个人优势,通过互帮互助增强团队凝聚力,学会欣赏并接纳自己及他人的独特价值。这不仅有助于培养学生的团队协作精神和人际交往能力,更能进一步发掘和发挥每个学生的潜能与才华。在这些活动中,班主任应以欣赏的眼光看待每一位学生,充分肯定他们的独特见解和创新思维,适时给予鼓励和认可,从而激发学生的潜能,帮助他们树立正确的人生观和价值观。

在评价学生的作业或项目成果时,班主任应着眼于他们的努力与进步,发掘并赞美其中的优点,同时提出建设性的建议。例如,"你的作业完成得如此出色,展现了你对课程内容的深刻理解与娴熟掌握""你的项目创意新颖独特,若在细节上稍加完善,必将更加趋于完美"。这种积极的暗示如同指引前行的明灯,让学生在探索知识的道路上更加自信。对个别学习困难的学生,班主任要进行针对性的鼓励和暗示,让他们明白困境只是暂时的,只

三、智慧地管理班级

要勇敢面对、坚持不懈,必定能够战胜困难、实现自我超越。同时,班主任应给予这些学生更多的关爱与支持,让他们在感受到关怀的同时,逐渐找回自信,重拾学习热情。

从细小处赞美学生

自习课上，小亮似乎沉浸在自己的思绪中，显得有些心神不宁。我轻声问："小亮，你心中有何困扰？"小亮缓缓抬起头，眼中透露出淡淡的迷茫与挣扎。只听他轻声说道："老师，我一直在努力，但总觉得自己不如别人聪明，难以达到他们那样优秀的程度。"我用充满鼓励的话点亮他内心的光芒："每个人都有自己的成长轨迹，不要因为他人的成绩而怀疑自己的价值。你拥有敏锐的观察力和无尽的想象力，这些特质是独一无二的，别人无法比拟。"在我的鼓励下，小亮逐渐找回了自信，更加坚定地迈向知识的殿堂，充分发挥自己的潜能。随着时间的推移，我更加关注小亮的成长。我发现小亮在美术领域展现出非凡的天赋，于是鼓励他参加美术比赛。在我的精心指导下，小亮逐渐蜕变为一个自信、阳光、多才多艺的少年。从细小处赞美学生，这是每一位教育工作者都应该秉持的教育理念。班主任要善于发现学生的优点和进步，从他们工整的字迹、回答问题的积极性、对知识的渴望等方面，给予积极的反

三、智慧地管理班级

馈和赞美。

作为班主任,要用一双慧眼观察学生,用一颗敏锐的心感受他们的成长。班主任要善于捕捉学生的每一个闪光点,用赞美的话语去温暖他们的心灵,去激励他们不断前行。班主任从细小处赞美学生,用自己的爱心和耐心,去陪伴他们成长,去见证他们绽放出属于自己的光芒。从细微之处挖掘学生的闪光点,对他们的优点和进步予以诚挚的赞赏,不仅能够助力他们筑牢自信之基,更能激发他们内在的探索欲望和挑战精神。对学生看似微不足道的进步,如一次用心完成的作业、一次成功探索的实验、一次慷慨大方的分享,班主任都应给予充分的认可与热烈的赞美。赞美学生的努力和成就,不仅是对他们个人付出的认可,更是激发他们积极向上、不断进取的动力源泉。无论是学生在学习上的突破,还是在生活中的点滴改变,都是他们成长的足迹,都值得我们为之欢呼。

在学生的成长过程中,班主任的赞美和肯定具有无可替代的作用。班主任要用一颗善良、宽容、关爱的心引导学生,让他们畅游在知识的海洋中,在成长的道路上勇往直前。赞美学生的个性发展同样重要,班主任要善于发现并欣赏学生的个性,给予他们充分地肯定和鼓励,让他们在成长的道路上更加自信、坚定。赞美学生的独特见解和创新能力同样不可或缺。在教育过程中,班主任要鼓励学生敢于提出不同的观点,勇于挑战权威,勇于创新。当学生展现出独特的思维方式和创新的行动举措时，班主任要及时给予肯定和赞美，让他们明白自己的思考和创新得到了认可，从而进一步激发他们在学习上的探索精神和创造力。

赞美学生也要讲究时机和方式，要在学生有所突破时，及时地给予肯定和表扬，这样让学生感受到自己的进步被看见，从而更加有动力继续前行。同时，在赞美表达上，要避免笼统地夸赞，应具体指出学生值得赞美的地方，让学生清楚知道他们的哪些行为或成果得到了认可。班主任要用真诚、客观、具体的语言，让学生感受到自己被关爱和被认可。在表扬的同时，也要给予学生适当的指导和建议，帮助他们更好地完善自己。赞美学生时，真诚与适度至关重要。真诚的赞美源于对学生实际表现的细心观察和深入了解，能够让他们深切感受到我们的关爱与鼓舞；适度地赞美则有助于避免他们陷入骄傲自满的境地，保持谦逊谨慎的态度，持续追求卓越。

从细微处赞美学生是一种教育的智慧与艺术。通过细心观察、真诚表达与适度肯定，班主任能助力学生树立坚定的自信、挖掘无尽的潜力、实现全面发展，让他们在成长的道路上熠熠生辉。同时，班主任对学生的赞美还应侧重于对他们努力过程和付出精神的认可，而非仅仅关注最终的结果。

三、智慧地管理班级

让感恩之花绽放

感恩教育,是一种润物细无声的教育过程,旨在唤醒人们内心深处对美好事物与生活的珍视,从而培育出积极向上、充满爱意的精神风貌。感恩教育之精髓,在于引导我们尊重并欣赏他人的辛勤付出,珍惜他人的劳动成果,怀揣关爱之心,学会倾听与宽容。在日常生活中,无论是父母的养育之恩、老师的教诲之情,还是朋友的陪伴之谊,甚至陌生人的善意之举,我们都应心存感激,将感恩之情融入生活的点滴细节。

让感恩之花在学生心中绽放。班主任应当从多个维度全面深化感恩教育,确保其渗透至日常教学的各个环节以及校园生活的每个细微之处。首先,班主任需要完善感恩教育课程体系,通过创新教学方式方法,结合生动的实例和丰富多彩的活动,让学生在实践中深切感受感恩的力量。可以举办感恩主题讲座、分享会等活动,特邀相关领域的专家学者和嘉宾,为学生提供鲜活、丰富的感恩教育素材。其次,班主任需要营造浓厚的感恩校园文化氛围,在校园内广泛开展各类感恩教育活动，如志愿者服务、爱心捐赠、公益植树等，让学生在参与中体验感恩社会的意义。同时，充分利用校园广播、海报、班级微信群等多种渠道，大力弘扬感恩文化和先进事迹，以润物细无声的方式引导学生树立感恩意识。

营造感恩文化氛围是关键。学校应大力倡导感恩文化，通过举办各类主题活动，如感恩节庆祝、志愿者服务、讲座分享等，让学生深刻理解感恩的意义，认识到感恩不仅是传统美德，更是现代社会不可或缺的素养。在校园环境中布置感恩主题的宣传栏、标语，时刻提醒学生珍惜身边的人和事，回报社会。班主任应以身作则，通过言传身教，让学生真切感受到感恩的力量和价值。在日常教学中，班主任可以结合课程内容，巧妙融入感恩教育元素，使学生在学习知识的同时，自然而然地培养感恩的品质。同时，将感恩教育贯穿于班级管理和学生日常行为规范的培养之中，让学生深刻认识到感恩不仅是一种情感表达，更是一种社会责任和人格塑造的重要过程。定期组织感恩主题班会，鼓励学生分享与家人、朋友、师长之间的感恩故事，增进彼此间的理解与情感交流，营造温馨和谐的班级氛围课程。

实践活动是践行感恩的重要环节。学校应鼓励学生积极参与社会实践活动，如社区服务、志愿者活动、环保公益等，让学生在实践中体验到付出与奉献的乐趣，从而更加珍惜他人的付出，形成良好的感恩习惯。此外，通过开展团队建设、夏令营活动，让学生在集体活动中学会相互支持、相互帮助，体验到团队合作的重要性，从而培养他们的责任感与担当精神。此外，学校还可以设立感恩之星评选机制，对表现出色的学生予以表彰和奖励，以此激发更多学生的积极性和主动性。这些举措不仅能让学生感受到感恩的力量，还能为他们树立榜样，引领更多人加入感恩行动中来。通过举办一系列富有创意的感恩教育活动，如感恩信写作比赛、感恩歌曲演唱比赛等，让学生在参与活动的过程中体会到感恩的乐趣，从而更加积极地投入感恩文化的建设之中。鼓励学生在日常生活中发起感恩微行动，例如，为辛苦工作的父母倒一杯水，为辛苦教育的老师写一封感谢信，为困苦地区的孩子捐赠一本图书。这些微小的行动不仅能培养学生的感恩之心，也能促进校园和谐。

　　班主任应注重学生感恩意识的长期培养。感恩教育并非一蹴而就的短期行为，而是一种需要长期坚持的培养过程。学校应注重在日常生活中潜移默化地培养学生的感恩意识，让学生学会关注他人、关心社会、关注环境。通过长期的感恩教育熏陶，学生逐渐养成良好的感恩习惯，成为具有强烈社会责任感、爱心和道德品质的公民。班主任还应加强感恩教育与其他学科的交叉融合。感恩教育不仅可以与德育、历史等人文学科相结合，还可以与科学、物理、化学等自然科学学科相互渗透。在教学过程中，班主任应注重跨学科知识的整合与运用，让学生从多个角度全面理解和体验感恩的内涵与意义，从而更加全面地培养他们的感恩意识。

综上所述，感恩教育不仅是对个人品质的塑造，更是对社会和谐稳定的推动。让我们携手共进，将感恩教育发扬光大，让感恩成为每个人的内在品质，为社会的繁荣与进步贡献力量。

三、智慧地管理班级

让班级成为学习的动力

班级如同一颗不息的星辰，持续地运转着，不断给予学生新的挑战与机遇，激发学生前行的动力。在这个充满活力与激情的舞台上，学生仿佛是一群渴望知识的旅行者，在智慧的海洋中奋力前行，期望将每一朵智慧的浪花都纳入心田，成为自己宝贵的财富。班级，既是竞技的赛场，又是合作的乐园。在这里，学生一同角逐荣誉的桂冠，共同攀登成功的高峰。但更多的时刻，学生携手并肩，互相激励，共同成长。在竞争中，学生学会了拼搏与坚持；在合作中，学生懂得了团结与互助。这种竞争与合作精神，让学生在成长的道路上不断前行，追求卓越。

我的班级更是一个充满温馨与关爱的港湾。在这里，当学生失落时，总有人伸出援手，给予鼓励的话语；当学生迷茫时，总有人点亮明灯，指引他们前行的方向；当学生成功时，总有人与他们共享喜悦，共同庆祝每一个美好的瞬间。这些真挚的情感与陪伴，让学生学会了珍惜友谊，懂得了团结协作的力量，也让他们在成长的道路上不再孤单。在这个熔炉中，每个学生都在班级里找到了自己的定位。他们的独特性格、兴趣爱好以及卓越的才华，都在这个大家庭中得到了充分的展示和发挥。在一次次班级活动中，学生学会了倾听他人的意见，尊重不同的观点，也学会了协调矛盾、化解冲突，让班级成了一个和谐共进的大家庭。

　　我的班级，像一部不知疲倦的永动机，日复一日、月复一月、年复一年，始终保持着昂扬的斗志和前进的步伐。这种前进，并非简单的速度提升，而是全方位的蜕变。学生的知识体系日益完善，价值观日趋成熟，世界观愈加广阔。这种成长，是班级学生共同努力、共同创造的奇迹。我的班级，学生怀揣着对成长的渴望，对进步的执着追求。这种永不满足的精神，激励着学生不断探索知识的边界，勇于挑战自我的极限。在班级度过的每一天，学生都仿佛置身于一片充满生机与活力的海洋中，感受着知识带来的无穷力量与深刻启示。我的班级，是一部永不熄灭的引擎，它激励着学生不断超越自我，迎接新的挑战。唯有不断学习、持续进步，方能在这个充满竞争与挑战的时代中立足。因此，学生勤勉不辍、积极进取，用汗水浇灌希望的田野，用智慧点亮梦想的灯塔。在我的班级里，没有人甘于平庸，没有人停滞不前。因为学生深知，唯有不断进取，方能实现心中的梦想，方能成为自己期许的模样。这种竞争，是积极的竞争，是激发潜力的竞争，它让学生更加努力拼搏，

三、智慧地管理班级

不断追求卓越。

或许有人会问："你的班级的动力究竟源自哪里？"我会微笑着回答："它源自学生对知识的渴求，对成长的向往，对未来的憧憬。"这些动力汇聚成一股磅礴的力量，推动着学生不断向前迈进。我的班级让学生深刻领悟到，学习不仅是为了获取知识，更是为了提升自我、实现梦想。在这个温馨的大家庭里，学生学会了团结协作、相互扶持。每个学生都是这部永动机中不可或缺的一部分，都在为班级的发展贡献着自己的力量。我的班级，就是一个充满活力、积极向上的集体，学生共同书写着青春的华章。

班级，这份宝贵的财富见证了学生的成长与蜕变，也见证了学生的奋斗与辉煌。在这个充满挑战与机遇的舞台上，学生用他们的智慧和勇气创造更加美好的未来。持续探寻知识的无尽宇宙不仅是教育目标，更是每个班级成员的责任和使命。在这个过程中，学生要始终保持对知识的热爱和追求，以谦逊的态度对待每一个新知识点，把它视为一个未知的世界，用心探索、发现、理解。班主任要引导学生树立正确的人生观和价值观，关注社会热点问题，培养社会责任感和担当精神，积极参与公益活动，为社会的发展贡献自己的力量。

给学生布置挑战性工作

在学生的成长过程中,让他们在探索与实践中不断提升自我,锤炼意志,是教育的重要目标之一。通过布置挑战性工作,如涉及多学科知识的综合性作业或组织辩论赛等,不仅可以检验学生的知识掌握程度,更能够锻炼他们的创新能力和跨学科思维能力。挑战性工作不仅不会压垮学生反而会成为他们成长的助推器,让他们的青春在奋斗中闪光,在挑战中升华。班主任在这个过程中扮演着引导者和支持者的角色,要为学生提供必要的资源和指导,帮助他们克服困难,实现目标。

班主任可以引导学生制订学习计划、查找资料、分析问题、解决问题,培养他们独立思考和自主学习的能力。通过这样的方式方法,学生可以学会如何自主学习、如何独立思考、如何解决问题以及如何与他人合作。布置挑战性工作时,班主任需要遵循适度性的原则,一定要考虑学生的个体差异和实际情况。对难度较大的问题,班主任应提供适当的指导和支持,帮助学生找到解决问题的方法和思路。此外，班主任还应鼓励学生面对困难时保持积极态度，培养他们坚韧不拔的精神品质。例如，可以布置一项涉及多学科知识的综合性作业，让学生运用所学知识解决实际问题。这类作业不仅考验学生的知识掌握程度，还锻炼他们的创新能力和跨学科思维能力。又如，组织一场辩论赛，让学生就某一热点话题展开激烈的讨论。这类活动不仅可以提高学生的语言表达能力和逻辑思维能力，还能培养他们的团队协作能力。

班主任通过开展科研项目、组织社会实践活动、策划校园活动等方式，为学生提供更广阔的舞台，让他们在实践中感受挑战、成长。这些活动能让学生在实践中深入理解和掌握知识，明白"学以致用"的道理。对科研项目，班主任可以引导学生关注社会热点问题，或者结合课本知识设计有趣且有实际意义的实验项目，让学生在探索未知的过程中培养独立思考和解决问题的能力。同时，还能增强他们的团队协作能力和责任心。社会实践活动让学生走出校园，走进社区、工厂、农村等地，亲自参与社会实践。如社区服务、环保行动、农产品调查等，既能锻炼学生的社会交往和沟通协调能力，也能让他们在实际运作中更深入地理解和掌握知识，明白"学以致用"的道理。至于校园活动的策划，可以组织一场庆祝活动、创办一次文化节或者策划一场公益活动，让学生担当主角，运用创意和智慧完成任务。这不仅能锻炼学生的项目管理能力，还能让他们学会如何应对挑战克服困难，培养勇于担当的精神。这一切的努力都将为学生的成长积累宝贵的经验，助力他们在未来的生活中勇往直前。

　　班主任在设计和布置具有挑战性的学习任务时，应充分考虑学生的个体差异和能力水平，采取一系列策略提高学生的适应能力和抗挫能力。例如，班主任可以采用分阶段、分层次的方法，根据学生的实际情况和能力，逐步增加工作的难度。这样既能让学生逐渐适应挑战性工作，避免一次性给予过大压力，也能让学生在逐步进阶的过程中，体验到从简单到复杂的任务转变，从而更好地掌握知识和技能。班主任还可以采用小组合作的方式，让学生共同完成挑战性工作。通过小组合作，学生可以学会如何与他人合作、如何协调不同的观点、如何借助团队的力量解决问题。这些能力对学生学习和未来工作都至关重要。在布置挑战性工作的过程中，班主任还需要注重与其他学科教师的合作与交流，确保工作的跨学科性和综合性。这不仅可以让学生在解决实际问题的过程中将不同学科的知识相互融合，提高解决问题的能力，还能促进不同学科教师之间的交流与合作。通过与其他学科教师的合作与交流，班主任可以更好地了解不同学科的特点和教学重点，从而更好地制定具有跨学科性和综合性的挑战性工作。这种方式可以涵盖多个学科领域，要求学生通过团队合作、调查研究、方案设计、实施操作等多个环节，完成一个具有实际意义

三、智慧地管理班级

的项目。这样的学习方式不仅能够锻炼学生的综合能力，还能够让他们学会如何在复杂的社会环境中解决问题。

为了确保挑战性工作的有效实施，班主任还需要注重与学生的沟通，及时获得学生的反馈。班主任可以定期组织学生进行工作汇报、交流心得、分享经验等活动，及时了解学生的进展和问题，并提供必要的指导和支持，从而更好地帮助学生完成任务和提升他们的能力水平。班主任还需要及时给予学生积极的评价和鼓励，让学生感受到进步和成功，增强自信心和抗挫能力。无论是个人完成还是小组合作，班主任都应关注学生的情绪状态，给予适时的鼓励和支持。同时，班主任还需要关注学生的心理健康状况，及时发现和解决学生在面对挑战性工作时可能出现的焦虑、压力等负面情绪。

给学生布置挑战性工作，就是给他们锻炼能力、提升自我、实现梦想的机会。作为班主任，就是为学生提供这样的机会，引导他们勇敢地迎接挑战，让他们在挑战中成长、在奋斗中进步。班主任还需要关注学生的可持续发展，帮助他们掌握适应未来社会所需的知识、技能和情感态度。

创造班级管理奇迹的角色扮演

在班级管理工作中，班主任扮演的是引导者和辅助者的角色，通过精心设计教学活动和班级管理制度，激发学生的主动参与和自我管理能力。例如，让学生轮流担任班长、课代表等职务，参与班级决策和日常管理，培养他们的责任感和团队精神。学生则是扮演主体者和参与者的角色，不断学习、成长和改变。他们通过实践，如组织课堂活动、策划班会、制定班规等，不仅提升了自己的组织协调能力和实践能力，还加深了对班级归属感和荣誉感的认知。通过角色扮演，班级管理奇迹得以实现，学生成为班级的主人翁，积极参与班级管理，形成良好的班级氛围。同时，班主任和学生之间的沟通也得到了加强，为班级的发展提供了坚实保障。班级中形成了积极向上、团结协作的良好风气，每个角色扮演者都为班级的进步贡献着自己的力量。

角色扮演，是班级管理的一把利器，帮助班主任和学生创造更多的奇迹。班级管理奇迹的持续上演，离不开角

三、智慧地管理班级

色扮演这一策略的持续运用。班主任和学生共同创造了一个充满活力、互助互爱的班级环境，使每一个角色扮演者都能在这里找到属于自己的价值。这样的班级管理，不仅提高了班级的整体管理效率，更培养了学生的综合素质，为他们的未来人生奠定了坚实的基础。角色扮演管理，让教育充满了活力和创意，为学生的成长提供了广阔的舞台。在角色扮演的过程中，班主任不断调整和优化班级管理制度，使其更符合学生的成长需求。同时，学生也在实践中不断提升自己的能力，为班级的进步贡献更多的力量。这一策略的持续运用，不仅让学生更加积极地参与班级管理，还让他们学会了尊重他人、理解他人、关爱他人。

班主任通过角色扮演还可以更深入地了解每一个学生的特长和潜能，为他们提供个性化的指导和支持，帮助他们在各自擅长的领域取得更大突破。在这个过程中，班级管理不仅是一种任务，而是一种策略，一种能够激发学生主动性、创造力和集体凝聚力的有效手段。角色扮演在班级管理中的应用，实质上是构建了一种正向、积极、包容和互助的学习环境，这种环境对学生的全面发展具有深远的影响。它不仅提升了学生的自我管理能力，培养了他们的团队协作精神，还锻炼了他们的思维能力和应变能力，使他们在实践中不断成长。角色扮演作为一种强大的工具，在班级管理奇迹的创造中发挥着至关重要的作用。它引导学生积极参与班级事务，形成良好的班级氛围，同时加强了师生间的沟通，为班级的和谐稳定打下了坚实的基础。

角色扮演还为班级创造了积极的竞争氛围。学生在担任不同职务的过程中，通过比较和竞争，激发了自己的斗志和创造力。学生努力争取更好的表现，以获得更多的责任和荣誉，这种竞争并非消极的争夺，而是积极的、建设性的竞争。这种积极的竞争氛围，不仅不会影响学生之间的友谊和团结，反而增强了他们的合作意识和团队精神。学生在角色扮演中学会了如何与他人更好地合作，如何发挥自己的优势，如何取长补短，共同完成任务。这种经历让他们更加珍惜彼此的友谊，更加愿意为班级的荣誉而努力。角色扮演也为学生提供了大量的实践机会，让他们能够在相对安全、可控制的环境中锻炼沟通技巧和问题解决能力。例如，在模拟法庭、辩论赛或者社区服务项目中，学生可以实践如何有效地与他人合作、协调冲突，以及如何尊重并接纳不同观点和意见。这种经历不仅有助于提升他们的团队协作精神，还能帮助他们学会尊重规则、公平竞争，以及在多元文化环境中保持开放包容的心态。

角色扮演在班级管理中具有深远的影响和积极的意义。通过角色扮演，学生可以在模拟的真实情境中练习应对各种挑战和冲突，学会换位思考，理解并接受他人的观点。这不仅能有效化解矛盾，也能让学生在现实生活中更好地适应各种环境，提高社会交往能力。

三、智慧地管理班级

赞许是对学生最好的鼓励

赞许是一种强大的动力源泉，它能有效激发学生的学习热情，让他们在面对挑战时展现更加自信的态度。当学生听到赞许之词时，他们的内心会得到极大的慰藉和鼓舞。这种肯定让他们感到自己的努力非但没有被忽视，反而得到了重视和认可，这会促使他们产生更加强烈的学习动力。这种动力会进一步推动他们积极主动地投入学习中，以更加专注和坚韧的态度提高自己的水平。

班主任的赞许，对于学生的全面发展具有深远的影响。这种力量可以激发学生的创新精神和实践能力，让他们敢于挑战自我，勇于突破。在赞许的驱动下，学生将不断拓展自己的知识领域，提升自己的综合能力，成为具有国际视野、创新精神和实践能力的新时代人才。在教育过程中，班主任应当充分利用赞许这一强大的动力源泉，通过具体、真诚的赞许，激发学生的学习热情和动力，让他们在面对挑战时展现出更加自信的态度。在学生的成长道路上，赞许是不可或缺的养分。当他们遭遇挫折、犹豫不前时，一句适时的赞许能帮助他们振奋精神，鼓足勇气再次攀登高峰。然而，这种赞许并非随意赐予，而是基于对学生辛勤努力和闪光点的深度认知，否则将失去其应有的激励作用。当学生听到自己的努力被肯定时，他们会更加相信自己具备战胜困难和取得好成绩的能力，这种信念会让他们更加勇敢地面对学习中的困难和挑战，敢于迎接新的任务。

  班主任在实施赞许的过程中，应当独具匠心，关注学生的个性差异，发掘他们各自的专长，并以此为切入点进行有针对性的赞扬。纵使学生所取得的成就并不显著，但只要他们付出了努力，就应当给予积极的回馈。这种及时而贴心的赞许不仅能强化学生的学习动力，还能促进师生关系的和谐。班主任的赞许能够营造出一个积极向上、鼓励探索的学习氛围，让学生在相互激励中共同进步，敢于挑战自我。赞许的力量不仅体现在对学生个人努力的认可，更在于其对学生群体乃至整个教育环境所产生的积极影响。在教育实践中，班主任应当灵活运用多种赞许方式，如口头表扬、书面鼓励、同伴互赞等，使每个学生都能在最适合自己的方式中感受到教育的温暖和力量。此外，班主任还要教会学生自我赞许，培养他们的自我意识、自尊心和自我管理能力，让他们在面对挑战时能从容应对。同时，班主任及家长在给予赞许时也要注重培养学生的批判性思维和应对挫折的能力。在赞许的同时适时适度地引入建设性反馈机制，帮助学生明确改进的方向，学会在失败中汲

三、智慧地管理班级

取经验,从而更好地迎接未来的挑战。

班主任应当善于发掘学生身上的闪光点,从不同的角度赞美他们。无论是学习成绩的进步,还是对班级的贡献,甚至是对待他人的态度,都值得班主任肯定和鼓励。这种多元化的赞许方式不仅能激发学生的积极性,还能够培养他们的全面素质。

批评学生

及时批评如同一面明镜，能让学生看清自己的不足，明确努力的方向，从而调整步伐，向更好的目标迈进。教育的艺术在于巧妙地运用批评这把钥匙，开启学生内在的潜能宝库，激发他们积极向上的力量，最终引领他们在人生的道路上稳步前行。

及时批评是一种重要的教育方式，它对个人的成长和进步具有不可忽视的作用。及时批评能帮助学生认识到问题所在。当学生从班主任那里得到及时批评时，能够更加客观地看待自己的行为和表现，从而发现自己存在的问题和不足。这种批评能让学生更加清晰地认识到自己的错误，为学生的改进提供明确的方向。及时批评有助于促进个人成长和进步。只有当学生意识到自己的不足和错误时，才能有意识地做出改正。这种批评能激发学生的学习热情和动力，让学生更加努力地追求进步。在班级中，及时批评也有着不可忽视的作用，它可以帮助学生识别并纠正错误。同时，及时批评还能营造出一种开放、透明的氛围，增强

三、智慧地管理班级

班级的凝聚力和向心力。

预先告知是批评教育的前提。班主任在实施批评之前，应尽可能地全面了解学生的行为动机、目的及过程，确保在批评时能针对性地指出学生的错误所在，并提供具体的改进建议。同时，班主任应注重维护学生的自尊心，避免在公众场合进行斥责，可以选择私下的、不伤及学生自尊的方式进行指导。及时反馈是批评教育的关键环节。班主任一旦发现学生的不良行为或学习问题，应尽快予以关注并采取措施，尤其是在学生初次犯错时，班主任应及时教育引导，帮助学生认识错误，制订改正计划，并督促其付诸实践。避免因延迟批评而使学生产生"法不责众"的侥幸心理，从而强化正确行为规范，培养良好的学习习惯和道德品质。持续关注是批评教育的重要后续环节。班主任应在提供批评指导后，定期观察学生的行为变化，关注他们是否真的吸取教训，及时调整自己的行为习惯。若发现学生未能有效改正，班主任应再进行沟通，找出问题所在，调整教育策略，确保学生的错误得到真正纠正，同时也给予他们足够的时间改进。

班主任批评学生时，应始终秉持对学生全面发展和人格尊严的尊重。批评的最终目的是激发学生对自己错误的认知，引导他们积极采取行动，有效提升自我，而不是打击学生的自尊心和自信心。因此，班主任必须做到既能让学生正确认识并勇于承担自己犯错的后果，又能在此过程中培养他们的自尊、自信以及自我成长的能力。班主任在批评教育中，还应坚持公正公平的原则，不偏袒任何一方，做到摆事实讲证据，让学生心服口服。在批评过程中，不仅要指出学生的不足，更要看到他们的优点和进步，给予积极的肯定，让学生感受到班主任的关爱和支持。因材施教是批评教育的艺术。每个学生的性格、能力、兴趣等都各不相同，因此班主任在进行批评时，需要根据学生的个性特点，采用不同的方式和策略。例如，对性格开朗、接受能力强的学生，班主任可以直截了当地指出他们的错误；对性格内向、敏感的学生，班主任则需要更加注意言语的措辞，用更加温和的方式进行批评。

班主任在批评学生时，还需要注重与学生的情感沟通。批评不仅仅是班主任对学生的单向指导，更是师生之间的双向交流。班主任应倾听学生的想法和意见，理解他们行为背后的原因，从而更好地引导他们走向正确的道路。班主任在批评教育的过程中，还应注重培养学生的自我反思和自我教育能力。通过引导而非直接告知的方式，鼓励学生自己发现问题，明确错误所在，并自主寻求改进的方法。班主任可以采用提问式的方式启发学生思考，让他们在面对错误时学会如何承担责任，如何从中吸取教训，并以此为契机，培养他们的独立思考能力和自我驱动的学习习惯。同时，及时批评也需要与积极的激励相结合，肯定被批评者的优点和努力，帮助他们看到自己的潜力，激发他们的积极性和创造力。及时批评也要掌握一定的原则和方法，避免因表达不当造成负面影响。首先，批评应基于事实依据，确保客观公正，避免主观臆断或夸大其词，以免引起被批评者的反感，甚至抵触情绪。其次，批评应注重保护被批评者的自尊心和尊严，尽量用平和、委婉的语言表达观点，提出改进建议，并鼓励其积极面对问题，勇于改正错误。

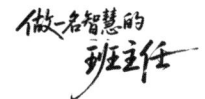

引导学生自己改正错误

引导学生自己改正错误，是教育实践的核心环节，其重要性不言而喻。当学生意识到自己的错误时，他们会更加主动地去寻找解决问题的方法，并在实践中不断调整自己的行为，从而对错误进行改正。为了有效地引导学生自己改正错误，班主任需要提供必要的指导。班主任应当以积极的态度面对学生的错误，用心理解学生行为背后的动机，并在此基础上进行有针对性的引导。这种引导的目的，不仅仅是为了让学生认识到自己的错误，更是为了激发他们自我反省、自我纠正的意愿。

班主任在引导学生自己改正错误的过程中，应注重培养学生的自我管理能力。学生应当学会自我观察、自我分析，从而找出自己的不足之处，并采取有效的措施加以改进。班主任可以通过培训、示范等方式，帮助学生掌握自我管理的技巧和方法，使他们在面对错误时能够冷静思考，积极寻求解决方案。同时，班主任还需要创建一个安全、包容的学习环境，鼓励学生敢于面对自己的错误，并敢于

三、智慧地管理班级

尝试和挑战。这不仅能培养学生的自我管理能力，还能增强他们的自尊心和自信心，让他们明白每个人都可能犯错误，关键在于自己如何对待错误，如何从中吸取教训，而不是逃避和否认。班主任应当在学生改正错误的过程中持续给予积极的反馈和鼓励，肯定他们在努力过程中的每一次进步，帮助他们建立持续改进的内在动力。这种积极的反馈机制可以激发学生的成就感，并进一步激发他们自我改正错误的积极性。

班主任在引导学生自己改正错误时，还应注重培养他们的批判性思维能力和问题解决能力。班主任要引导学生学会分析问题、找出问题的根源，并鼓励他们探索多种解决问题的途径。这不仅能让他们更好地改正错误，还能培养他们的创新思维和独立思考能力。同时，班主任应当鼓励学生之间的合作与互助，让他们学会在共同探讨错误和寻找解决方案的过程中，相互学习。通过集体讨论和分享，学生可以从中汲取智慧，找到适合自己的方法。

班主任还应倡导和营造一种积极向上的班级文化，鼓励学生互相支持、互相帮助，共同面对错误并寻求改进。在一个良好的班级氛围中，学生可以相互激励，共同成长，从而更好地实现自我改正错误的目标。同时，班主任应注重培养学生的团队合作能力和社会责任感。在引导学生自己改正错误的过程中，班主任应当强调集体主义精神，让学生明白在团队中每个人都应该对自己的错误负责，并勇于承担责任。班主任可以通过组织各种团队活动，培养学生的团队合作精神，让他们在互相帮助、互相学习中不断成长。班主任与学生之间的互动和交流在引导学生自己改正错误的过程中起着至关重要的作用。班主任应当主动与学生沟通，了解和关注他们的学习和生活情况，及时给予指导。通过建立互信、尊重和关怀的师生关系，班主任可以更好地帮助学生认识到自己的错误，并激发他们自我改正错误的意愿。班主任应注重情境创设，让学生在模拟真实场景中发现问题、解决问题。通过创设各种情境，班主任可以为学生提供丰富的实践机会，让他们在实践中学会自我观察、自我分析，并采取有效的措施。

为了进一步提升学生的自我改正错误的能力，班主任还可以引入适当的奖惩机制，让学生在纠正错误的同时，更加明确哪些行为是值得赞扬和学习的，哪些行为是需要避免和改进的。这样的奖惩机制并非简单的表扬或批评，而是应该结合具体的反馈和建议，帮助学生更好地理解自己的行为，从而引导他们从集体荣誉感的角度出发，以更全面、更成熟的态度面对自己的错误。作为班主任，我们还要时刻保持耐心和理解。每个学生都有自己的成长速度和特点，因此在引导学生自己改正错误的过程中，我们应注重因材施教，根据不同学生的特点，提供个性化的指导。班主任还应注重培养学生的道德责任感和良好的道德品质。在引导学生自己改正错误的过程中，班主任应当强调道德

三、智慧地管理班级

规范和价值观的重要性，让学生明白错误行为的后果。

在改正错误的过程中，学生能体验到失败与成功之间的微妙关系，理解努力与坚持的重要性，从而培养坚韧不拔的精神和积极向上的人生态度。通过面对和解决错误，他们能逐步提升自身的心理素质，增强抗挫能力，学会在逆境中寻找机遇，在困难中磨砺意志。

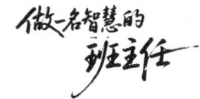

违反纪律的学生要受到惩罚

违反纪律的学生要受到惩罚，遵守纪律的学生应当得到表扬和激励。这种奖惩分明的做法有助于营造一个公正、公平、积极向上的学习环境，让学生清楚地认识到纪律的重要性，从而自觉地遵守纪律。

在处理违纪行为时，班主任应遵循"教育为主，惩罚为辅"的原则，注重引导学生认识错误，并积极改正。通过个别谈话、小组讨论、班级会议等形式，班主任可以帮助学生分析违纪行为的后果，引导他们树立正确的价值观和行为准则。对于违反纪律的学生，惩罚并非目的，而是一种手段，旨在引导他们认识到自己的错误，促使他们改正行为，从而成长为具有责任感和尊重他人的人。适当的惩罚可以包括口头警告、书面检讨、参加相关教育活动等多种形式，旨在帮助学生认识到自己的错误，并促使他们积极改正。班主任还应当在课堂教学中融入纪律教育，让学生在学习过程中明确纪律要求，形成良好的课堂风气。例如，在开展小组讨论、课堂展示等活动时，提前规定好

三、智慧地管理班级

相应的纪律规范，引导学生遵守课堂秩序，尊重他人发言，积极参与课堂学习和讨论。

违反纪律的学生受到惩罚，并不意味着对他们的放弃，而是希望通过这种方式促使他们认识到错误，培养他们的责任感和担当精神。惩罚应当与违规行为的程度相匹配，既要让学生认识到自身错误的严重性，又要避免过度惩罚带来的负面影响。同时，惩罚应当具有教育意义，旨在帮助学生从经历中吸取教训，而非单纯地进行责备。对遵守纪律的学生，班级的表扬和奖励应当公开公正，让每一位学生都能看到榜样，感受正义的力量。

班主任应当秉持公平公正的原则，在处理违纪行为时坚持透明原则，确保对所有学生的处理结果都基于事实和规定。同时，要注重保护学生的合法权益，尊重学生的人格，避免因一次违纪行为而给学生带来长期的心理阴影或负面影响。在实施惩罚的过程中，班主任应当注重引导学生自我反思，理解并改正错误。可以通过情境教育、案例分析等方式，让学生在理解规则的同时，培养他们的道德判断力和自我约束力。班级还会定期组织法制教育、道德讲堂等活动，帮助学生树立法治观念和正确的价值观。为了营造良好的校园文化氛围，班主任还应积极组织各类文化活动和团队建设活动，让学生在轻松愉快的氛围中增强集体凝聚力和团队合作精神。通过团队建设，鼓励学生自觉遵守纪律，形成积极向上的学习氛围。

在班级的教育日常中，班主任应积极运用奖惩手段，注重培养学生的纪律意识和良好习惯。通过举办各种活动，如纪律主题班会、德育讲座等，让学生深入理解遵守纪律的意义，引导他们在日常生活中自觉遵守纪律，成为有道德、有责任、有担当的新时代青年。对遵守纪律的学生，班级应当及时给予表扬和激励，肯定他们的行为，鼓励他们继续保持下去。通过设立纪律标兵、优秀学员等荣誉称号，以及组织分享会、经验交流会等活动，让遵守纪律的学生得到更多的鼓励。在实施奖惩机制时，班主任应注重公平公正，避免伤害学生的自尊心和积极性。要尊重学生的个人隐私和尊严，给予学生改正错误的机会，并相信他们能够成长为遵守纪律、尊重他人的好学生。同时，班主任还需要关注学生的心理健康，对于经常违反纪律的学生，要深入了解其行为背后的原因，看是否存在学习困难、家庭问题或其他心理困扰。若是由于这些因素导致的纪律问题，班主任应积极与家长沟通，提供必要的辅导和关怀，帮助学生解决困扰，走向正轨。对表现优异的学生，除了口头表扬和颁发荣誉证书等方式外，还可以设立奖励机制，如加分、兑换小礼品等，激发学生的积极性和创造力。对违反纪律的学生，应给予适当的惩罚，如扣分、写检讨书、参加德育课程等方式，促使他们认识错误并积极改正。

在评价学生遵守纪律的表现时，班主任应重视过程评价和多元评价，关注他们在日常学习生活中的行为表现。

三、智慧地管理班级

通过日常观察、记录和反馈，班主任可以更好地了解学生的纪律状况，及时进行引导。班主任应当积极推动家校合作，与家长建立密切的联系，共同参与到孩子的成长教育中。通过定期举行家长会、家访等方式，班主任能够及时向家长反馈学生在校的纪律表现，让家长了解孩子的成长历程，共同促进学生进步。班级和家庭应当共同参与，加强对学生的思想教育和情感沟通，了解学生的需求和困惑，帮助他们解决问题。只有奖惩分明，才能让学生更好地认识到纪律的重要性，培养他们的自律性和责任感。同时，这种奖惩机制也能促进良好校园文化的形成，让学生明白，在校园中，尊重他人、遵守规则是每个学生应尽的义务，也是个人成长和社会进步的基础。

对违反纪律的学生，适当的惩罚可以帮助他们认识到自己的错误，改正不良行为，避免今后再次触犯。而对表现优异、遵守纪律的学生，及时表扬和激励不仅可以鼓励他们继续保持优良的表现，还能使他们成为其他学生的榜样，引导更多学生走向正确的人生道路。班主任应当引导学生积极参与校园活动和志愿服务，通过实际行动培养他们的社会责任感和团队精神。对在活动中表现突出的学生，班主任应及时给予肯定和表扬，以此激发他们的荣誉感。奖惩分明是培养学生纪律意识和良好行为习惯的关键手段。通过合理运用奖惩机制，家校可以共同促进学生的全面发展，使他们成为有道德、有责任、有担当的新时代青年。

四

智慧地管理学生

　　智慧引领之道，深谙学生之性，洞悉其需求，才能因材施教，施之策略。对聪慧敏锐的学生，授以重任，挑战极限，磨砺其独特思维，塑其解难之力；对自卑怯懦的学生，则温言鼓励，用心扶持，助其跨越心理障碍，重塑自我。言辞灵动的学生，辅之团队协作，展其协调之艺，调和同学之间的纷争；内敛沉静的学生，则需侧耳倾听，激发其言欲，感到自己被珍视。智慧管理有特点的学生，需要班主任深入挖掘他们的潜能，用爱心和耐心引导他们，用智慧和策略激发他们的积极性。班主任要尊重每个学生的个性差异,用包容和理解的心态接纳他们,帮助他们找到适合自己的成长之路。智慧管理也包括了对学生的情感关怀。班主任要关注学生的情感变化,及时给予他们必要的关心和支持。通过情感关怀,班主任可以帮助学生建立积极的心态,增强他们的自信心和抗压能力。

四、智慧地管理学生

正确处理学生的抱怨

管理抱怨的学生，如同一位经验丰富的调音师，敏感捕捉着教室中每一份微妙的情绪波动。班主任的角色，不仅是秩序的维护者，更是情感沟通的桥梁。当遭遇不满时，班主任要耐心倾听每一位学生的诉求，用同理心感受他们的失望与困扰，并积极寻求解决问题的办法。

抱怨并非仅仅是负面情绪的宣泄，更是对问题认知与改进的催化剂。因此，班主任要积极引导学生以积极、建设性的态度去面对问题，提出改进的意见和建议。在这个过程中，抱怨声会逐渐减弱，转化为自我能力提升和集体进步。班主任运用沟通技巧，化解矛盾，缓和紧张气氛，使学生回归到积极的学习状态。学生以实际行动诠释着"抱怨不如改变"的理念，用自己的行动树立了面对困境的榜样。在处理抱怨的过程中，班主任不断提升自己的协调与沟通能力，锻炼处理复杂问题的能力，从而更好地调整自己的策略。

面对学生的抱怨，班主任必须以开放包容的心态，耐心细致地听取每一个学生的意见与诉求，切实理解他们的困扰与期望，切忌置若罔闻或粗暴压制，以免加剧矛盾，动摇学生对学习的兴趣。在了解学生的具体诉求后，班主任应迅速采取行动，制定切实可行的解决方案。例如，针对课程设置不合理的问题，可以组织教研团队进行讨论，优化课程结构；对教学方法过于单一的情况，可以尝试引入多元化的教学手段，激发学生的学习兴趣；对校园环境设施不足的问题，应积极向学校反映情况，争取改善校园环境。

在学生管理过程中，搭建有效的沟通机制，促进师生间的良性互动，对营造和谐有序的教学氛围至关重要。当学生提出意见时，作为班主任，不仅需保持冷静和理性，更应视其为改进教学质量和提升教育管理水平的重要契机。学生的不满可能涉及多个层面，包括但不限于课程设计合理性、教学方法多样性、校园环境舒适度以及师生关系和谐度等。处理学生抱怨的过程中，班主任还应注重引导学生以积极、理性和建设性的态度表达诉求，让他们认识到抱怨并非最终目的，而是希望通过解决问题来改善学习生活环境。对情绪化或偏激的抱怨言论，班主任需要进行适当地批评与教育，指出问题所在，并鼓励学生以成熟冷静的态度面对困难和挑战。为了更好地搭建沟通平台，班主任可以定期开展座谈会、设立意见箱等形式的活动，鼓励学生提出意见和建议，以便及时调整教育管理策略，更好

四、智慧地管理学生

地满足学生需求。此外，在处理学生抱怨的过程中，班主任应始终坚持将学生的利益放在第一位，用实际行动践行服务理念，确保学生的全面发展和成长进步。

班主任在处理学生抱怨时，还应注重培养学生的自主解决问题能力和团队协作精神。在了解学生的具体诉求后，可以组织学生自行讨论并寻找解决方案，让他们学会尊重他人、理解他人，并通过集体智慧解决问题。对一些涉及权益维护的抱怨，班主任应引导学生通过合法、合理的途径进行申诉，如班级内部的投诉机制、教育行政部门的仲裁等。在此过程中，班主任需要耐心指导学生如何填写申诉表格、准备相关材料，并确保其权益得到保障。为了持续改进教育管理工作，班主任可以定期组织师生交流会、家长座谈会等活动，以便及时收集各方面的反馈意见，并对这些意见进行汇总分析，为改进教育管理工作提供依据。通过持续跟踪和反馈机制，确保抱怨得到妥善处理，同时预防新问题的发生。当学生提出抱怨时，班主任还应该注重与其他教育者的合作，共同处理学生的抱怨。其他教育者可以提供不同的视角和解决方案，帮助学生更好地解决问题。班主任还应该注重与学生的沟通和反馈，及时调整解决方案，确保学生的诉求得到妥善处理。

在处理学生抱怨的过程中，班主任还应该注重保护学生的隐私和权益。不应该将学生的抱怨公开或者传播，以免对学生的身心造成伤害。班主任还应该尊重学生的权益，保障在处理抱怨过程中学生的合法权益。同时,班主任应当建立一个公平公正的投诉反馈机制,确保每一位学生都有机会表达他们的观点和感受,而不必担心遭到不公正对待。对涉及众多学生切身利益的问题,班主任应主动与学生代表、学生团体进行沟通,倾听他们的声音,共同探讨解决方案。班主任应该加强对教学和管理的监督、评估,及时发现和解决存在的问题;应该建立完善的教学和管理制度,确保教学质量和学生学习环境的稳定和良好。

为了提升处理抱怨的效率,班主任应积极构建并不断完善内部沟通渠道,确保学生的抱怨能迅速传达至相关部门,并督促其采取有效措施予以解决;对无法立即解决的问题,需要向学生说明情况,明确解决时间和进度安排,以保持学生的信任和耐心。同时,班主任应积极推动家校合作,让家长参与到学生的抱怨处理过程中。通过与家长的深入沟通,班主任可以更全面地了解学生的诉求,并携手家长共同寻找最佳的解决方案。这样的合作不仅可以使学生感受到被重视和被关怀,还能增进家校之间的信任与理解。班主任应时刻反思自己的角色,以积极的态度面对学生的抱怨,把抱怨转化为改进工作的动力,从而不断提升自己的教育教学水平和管理能力。这不仅能让班主任的工作更具方向性,还能逐步提升教学质量和服务水平。

只有真正做到以学生为本,以质量为本,才能在面对学生的抱怨时作出最恰当、最有效的回应,才能不断优化

四、智慧地管理学生

教育管理机制,创建一个既能传授知识又能培育品格的健康成长环境。为了提升处理抱怨的公正性和专业性,班主任应定期接受相关培训,学习如何有效沟通、倾听技巧,了解法律法规以及教育政策等方面的知识。唯有这样,班主任在面对学生抱怨时,才能以更专业、冷静和客观的态度应对,并给出让学生信服的解决方案。

做一名智慧的班主任

引领不合群学生融入集体

在班级中,总有几位学生,像是独自飘落在角落的叶子,游离于热闹之外。他们或是在课间默默独坐,或是在集体活动时眺远观望,看似对周围的喧嚣漠不关心,内心可能藏着不为人知的孤独。如何巧妙地引导这些不合群的学生,让他们融入温暖的集体大家庭,成为班主任的挑战,这不仅需要智慧,更需要爱心与耐心。

对性格内向的学生,班主任不能急于求成,如狂风暴雨般强行将他们推向集体,而是要像春风拂面一样,温柔地引导他们。例如,在学习中,班主任可以特意设计一些适合小组讨论的问题,然后把性格内向的学生与性格开朗、友善的学生分在一组。在小组讨论过程中,鼓励其他学生主动邀请内向的同学发言,用温和的态度引导他们表达自己的想法。一开始,内向的学生可能只是简单说几句,但只要他们开口了,班主任和其他学生就可给予真诚的赞美和肯定,让其感受到自己的价值,逐渐建立自信。

那些因为曾经受伤而不合群的学生,内心更加敏感脆

四、智慧地管理学生

弱。班主任要像经验丰富的心理医生一样,定期与他们进行一对一的谈心。在谈心时,班主任要给予他们充分地关注和理解,耐心倾听他们的委屈。同时,班主任在班级中开展主题班会,强调同学之间要相互尊重、友善相处,杜绝任何形式的嘲笑。通过营建一个温暖、包容的集体环境,让这些学生重新建立对集体的信任。

对社交能力不足的学生,班主任可以开展有趣的社交训练活动。在课堂学习和日常活动中,多采用小组合作的形式,将不合群的学生均匀地分配到各个小组中,让他们在完成共同任务的过程中与其他学生相互协作。例如,在小组作业中,每个学生都有明确的分工,有的负责收集资料,有的负责整理数据,有的负责撰写报告。在这个过程中,学生需要相互沟通、相互帮助,不合群的学生也能在团队的带动下积极参与,感受集体的力量和温暖。在活动过程中,班主任和其他同学可以给予他们及时地指导,帮助他们纠正不当的行为,学习有效的社交技巧。通过不断的练习,让他们逐渐掌握与他人交往的方法,提升社交能力。

在班级中营造包容、友善的氛围,是让不合群学生融入集体的重要保障。作为班主任,要以身作则,用自己的言行向学生传递包容和关爱的价值观。在课堂上,当有学生提出不同的观点和想法时,无论是否正确,都要给予尊重和鼓励,引导大家进行积极的讨论。同时,要善于发现班级中那些乐于助人、团结友爱的学生，及时表扬他们的行为，树立正面榜样，让其他学生以他们为学习对象。通过这种方式，在班级中形成一股积极向上的正能量，让不合群的学生感受到集体的温暖。

丰富多彩的班级活动是增进学生之间感情、促进交流与合作的有效途径。班主任可以组织各种形式的活动，如户外拓展、主题班会、社团活动等，让学生在活动中相互了解、相互帮助。在活动策划过程中，可以征求学生的意见和建议，让他们参与到活动的组织中来，增强他们的参与感。对不合群的学生，班主任要特别关注他们在活动中的表现，鼓励他们积极参与，为他们创造与其他学生互动的机会。班级可以组织各种各样的活动，满足不同学生的兴趣爱好。例如，举办绘画比赛，让热爱绘画的学生有展示自己才华的机会；开展科技小制作活动，激发对科学感兴趣的学生的积极性。当不合群的学生发现有自己感兴趣的活动时，他们往往会主动参与，在活动中与其他学生互动交流，不知不觉中拉近彼此的距离。

帮助不合群学生融入集体是一个长期的过程，需要班主任持续关注他们的发展动态，定期与他们进行沟通，了解他们在学习、生活和社交方面的情况。班主任可以每周安排一次与他们单独交流，询问他们最近的感受和遇到的问题，及时给予指导和帮助。同时，班主任也要与他们的家长保持密切联系，了解学生在家中的表现，共同制定教育策略,形成家校教育的合力。帮助不合群的学生融入集体并非一蹴而就的事情,需要每个人用心付出、用爱浇灌,只要坚持不懈,一定能融化他们心中孤独的坚冰,让他们在集体的怀抱中绽放光彩。

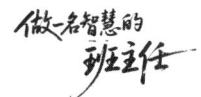

引导学生的争强好胜

在学习领域,争强好胜的学生总是保持着一种永不停歇的求知欲和进取心。他们不满足于课堂上的知识汲取,更致力于深度挖掘和拓展学术领域。争强好胜的学生内心充满对知识的渴望和对生活的热爱。他们坚信只有不断地学习、超越自我,才能在竞争激烈的社会中脱颖而出。他们的追求和努力不仅让他们在学习上取得了优异的成绩,更让他们在人生的道路上收获了丰富的经验。争强好胜的学生还拥有广泛的兴趣爱好和丰富的知识面。他们喜欢探索新领域、尝试新事物,希望通过拓宽视野、增加经历提升自己的综合素质和能力。同时,他们也深刻理解到,团队合作是实现成功的重要因素。因此,他们往往能够妥善处理与他人的关系,借助他人的智慧和力量,共同解决问题,实现目标。

为争强好胜提供多样化的学习方式。争强好胜的学生往往对单一的学习方式感到厌倦,因此班主任应该尝试提供多样化的学习方式,如小组讨论、角色扮演、实验操作

四、智慧地管理学生

等,以激发争强好胜学生的学习兴趣。同时,班主任还要根据学生的特长和兴趣,为他们提供个性化的学习方案,让他们在自己感兴趣的领域得到更多的发展机会。争强好胜的学生往往更愿意独立完成任务,但这样的方式不利于培养他们的团队合作精神。因此,班主任应该布置一些需要团队协作才能完成的任务,让学生明白,在一个团队中,每个人的力量是有限的,只有大家齐心协力,才能取得成功。

在人际交往中,争强好胜的学生表现出极高的情商和成熟的处理问题能力。他们懂得尊重他人,善于倾听他人的意见和建议,能以开放的心态接纳不同的观点。通过与他人的交流和合作,他们能够不断拓宽自己的视野,汲取他人的优点和长处,进一步完善自我。他们善于通过正当的手段提升能力,精益求精,追求卓越,这种品质使得他们在学术领域、社会活动中都能取得优异的成绩。同时,他们也懂得在竞争中寻求合作,相信团结合作的力量远胜于单打独斗。他们懂得分享资源和经验,会借助他人力量成就彼此的辉煌。了解学生的兴趣、特长和个性是非常关键的,可以由此找到他们最关心的领域,并以此为切入点,进行深入交流。例如,如果学生热爱篮球,可以和他们讨论篮球技巧、战术布置,甚至分享自己曾经的篮球经历。这样的话题很容易激发学生的学习兴趣。班主任要引导争强好胜学生正确对待竞争,让他们明白,竞争并不是为了打败别人，而是为了提升自己。在竞争中，要学会尊重对手，欣赏对手的优点，从对手身上学习经验和教训，不断提高自己的能力和素质。

对那些争强好胜、充满求知欲的学生，班主任应当扮演积极引导的角色，鼓励他们勇于挑战未知领域，不畏困难地探索新的学习方法。班主任是学生的人生导师，言行举止对学生有着深远的影响。在管理争强好胜的学生时，班主任更应该展现出积极、公正、尊重他人的态度。例如，在处理学生间的冲突时，班主任应公正、公平，耐心听取双方的意见，找到解决问题的最佳方法。这不仅能化解学生间的矛盾，还能让学生学会尊重他人、公平竞争。另外，班主任可以通过分享自己的经历和感悟，引导学生正确看待成败得失，明白人生的价值不仅仅在于取得的物质，更在于品格的修养和精神的丰富。班主任与学生之间建立良好的沟通机制是教育过程中至关重要的环节。班主任需要主动与学生建立双向沟通，倾听他们的声音，了解他们的想法和需求。争强好胜的学生往往在追求目标时容易忽视一些重要的价值观，如诚实、尊重、公平等。班主任需要在日常教学中强化价值观教育，通过实例和讨论让学生明白这些价值观的重要性。同时，班主任还要鼓励学生积极践行这些价值观，让它们成为自己行动的准则。

班主任还需要关注学生的心理健康状况，通过观察和引导，及时发现学生可能面临的压力和困扰，并给予适当

四、智慧地管理学生

地支持和建议。这样的沟通机制不仅能增强学生对班主任的信任和尊重，还能培养学生的独立思考能力和解决问题能力。争强好胜的学生往往在遭受挫折时容易产生负面情绪，如沮丧、焦虑等。因此，班主任要关注学生的心理健康状况，及时给予关心和支持。同时，班主任还要教会学生一些调节情绪的方法，如深呼吸等，帮助学生缓解压力和焦虑。鼓励学生参与公益活动。通过参与公益活动，学生可以学会关爱他人、回馈社会，理解到成功并非衡量人生价值的唯一标准，而乐于助人、无私奉献同样能带来内心的满足与喜悦。

让情绪急躁的学生静下来

情绪急躁是一种不良的习惯，会对自己的人际关系、学习和工作等方面造成负面影响。班主任需要关注并帮助那些容易情绪急躁的学生，通过正确的引导和支持，帮助他们克服这一问题，在未来的生活中更加出色。情绪急躁的同学在面对挑战时，往往因为缺乏耐心和恒心而难以坚持到底，尤其是在遇到困难时，很容易陷入沮丧和挫败感中，从而放弃努力。这样的行为习惯不仅会影响他们的学习、工作和生活，更会对其未来的发展造成一定的阻碍。

作为班主任，应该给予情绪急躁的学生足够的关注和支持，通过鼓励、激励和帮助，让他们认识到自己的缺点和不足，并积极寻求改进的方法。班主任可以利用课余时间与他们进行交流，了解他们的想法和感受，从而引导他们树立正确的人生观和价值观。班主任需要耐心等待他们的成长和进步，帮助他们逐步克服情绪急躁的缺点，让他们在未来的学习和生活中更加出色。在追求目标的过程中，班主任要教会他们学会保持冷静，理智分析问题，用积极的心态面对困难和挑战。同时,班主任也要鼓励他们敢于挑战自己,勇敢尝试新事物,不断拓宽自己的舒适区,以实现个人发展。班主任应建立良好的沟通机制,鼓励学生遇到问题时向老师、同学寻求帮助。同时,班主任也应关注学生的情绪变化,及时进行沟通和疏导。

对情绪急躁的学生,班主任应当在日常学习和生活中积极营造一种积极向上、和谐稳定的氛围,让他们感受来自周围人的关爱和支持。例如,组织一些运动和艺术活动,如演讲、舞蹈、绘画等,帮助他们释放压力,提高自信心,改善他们的情绪状态。对表现出急躁情绪的同学,可以采取适当的惩罚措施,让他们反思自己的行为,并引导他们寻找更好的解决方法。通过集体合作的力量来增强他们的团队协作意识和抗压能力,让他们在共同解决问题的过程中体验成功的喜悦和成就感。一个安全、支持性的学习环境,可以让他们感到被尊重和被关心。班主任应鼓励他们表达自己的感受和想法,并认真倾听他们的诉求,理解他们的困扰和问题。在学习上,班主任可以采取分阶段教学和布置适宜难度任务的方式,帮助他们在逐步攻克难关中提升耐心和恒心,从而逐渐改变遇到困难就轻易放弃的习惯。同时,鼓励他们多参与课外活动和社团组织,通过实践提高心理素质和应对挫折的能力。

家长和班主任需要密切合作,共同关注学生的情绪状态。班主任要及时发现学生的问题,并与家长保持沟通,共同制定相应的解决方案。针对情绪急躁的学生，学校可以提供个性化的学习计划和辅导，帮助他们更好地应对学习中的挑战和压力。例如，为他们提供定制的学习资料、安排针对性的辅导课程等。学校也可通过举办讲座、培训等活动，普及情绪管理与压力调适的技巧，帮助情绪急躁的学生掌握科学的方法调整心态。鼓励他们培养一些静心养性的兴趣爱好，如绘画、音乐、运动等，以帮助他们在面对挑战时能迅速调整状态，保持内心的平静。更重要的是，班主任要教育他们认识到，生活中的每一次挫折都是成长的一部分，都是磨砺意志、提升能力的机会。让他们明白，只有通过不断尝试、持续努力，才能克服困难，取得成功。真正的成功并不在于取得优异的结果，更在于过程的体验和自身能力的提升。班主任可以通过定期的心理辅导和咨询，帮助他们更好地了解自己的情绪和需求，提供有效的应对策略和建议。这不仅有助于他们调整心态，提高自信心，还可以促进他们全面发展。在家庭教育中，家长也应该注重培养孩子的耐心。家长可以鼓励孩子参与一些需要持久耐心才能取得成功的活动，如乐器学习、体育锻炼等。通过鼓励孩子坚持到底，克服困难，逐渐培养他们的耐心和恒心。班主任还可以通过一系列的实践活动来锻炼情绪急躁的学生，提升他们的自我调控能力和应对挫折的能力。例如，在学校中，可以设置一些社会实践活动，让学生参与服务社区、组织活动等工作，通过实践体

四、智慧地管理学生

验成功与挫折。

面对情绪急躁的学生，班主任需要从多个方面入手，给予他们足够的关注和支持。通过教育、引导、实践等多种方式，帮助他们克服缺点，让他们在未来的学习和生活中更加出色。同时，班主任也要鼓励情绪急躁的学生勇于面对自己的缺点，积极改进。让学生明白，每个人都有自己的不足之处，但关键在于如何正视并改正这些不足。通过自我认知和努力，学生可以逐步克服情绪急躁的缺点，提升自己的综合素质。

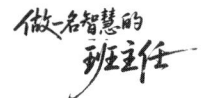

让固执己见的学生学会接纳

在教育过程中,班主任面对的重要任务之一就是如何有效地处理学生的固执己见问题。这是一项富有挑战的工作,需要班主任具备足够的耐心、细心和恒心。

遇到学生固执己见,班主任要先与学生进行深入的沟通交流,了解其坚持观点背后的原因和依据,再通过耐心倾听和理性分析,让学生感受到班主任的关注,这有助于软化他们的抵抗情绪,为后续的引导工作奠定基础。班主任应当运用教育智慧,通过提出开放性问题、分享多元观点等方式,启发学生独立思考,意识到自己的观点可能存在的局限性和片面性,从而愿意接受新见解。有时,固执己见的学生可能并没有意识到自己的观点存在问题,或者没有意识到自己的行为如何影响他人。班主任可以通过提问或讨论的方式,引导学生关注自己的观点和行为,增强他们的自我意识。在这过程中,班主任应当避免过于严厉的批评或指责,而是以一种更为平和和理性的方式来引导学生反思自己的行为和观点。当学生表现出接纳的态度时,

四、智慧地管理学生

班主任应该及时给予正面的反馈和激励，可以是简单表扬，也可以是更具体的建议和指导，以增强学生继续这种行为的动机。对于学生的固执观点，班主任应当尝试从一个开放和接纳的角度去理解学生的观点和行为，而不是立刻反驳或者指责。在沟通过程中，班主任可以询问学生的想法和观点，并认真倾听，即使意见相左，也要表现出尊重。通过这种方式，班主任能够鼓励学生自由表达自己的想法，而不是因为担心被批评而保持沉默。引导学生客观看待问题，班主任可以提供一些事实数据、不同角度的观点或者成功案例，帮助学生拓宽视野，认识到自己的观点可能有待商榷。通过这种方式，班主任能够引导学生逐步形成更为客观和全面的认识，从而减少其固执己见的行为。鼓励学生反思自己的观点，班主任可以通过提问或讨论的方式，引导学生发现观点中的矛盾，从而激发他主动修正错误的意识。在实际操作中，班主任可以布置一些需要小组合作或者需要综合运用已有知识的作业，让学生在与他人协作和解决问题的过程中，学会换位思考，理解不同角度的观点，并自觉改正自己的错误。

班主任的管理风格应该保持一致性和稳定性，不要因为学生的固执己见而过于严厉或者过于宽松。只有当班主任能够保持一致性和稳定性时，学生才能更好地理解班主任的要求。同时，班主任还需要在处理学生问题时保持公正和公平，避免因个人情感或偏好而偏袒某一方。面对固执己见的学生，班主任需要展现出深厚的教育智慧和耐心，因为管理工作不仅关乎纪律约束，更在于引导学生理性思考、培养他们接纳不同观点的能力。班主任应当全面深入了解学生的性格特点、行为动机以及认知水平，通过细致观察和沟通交流，洞察他们坚持某种观点背后的逻辑和情感因素。这意味着班主任要站在学生的立场上，倾听他们的声音，尊重他们的想法，并在此基础上进行有针对性的引导。

  班主任还可以通过组织班级讨论、角色扮演等形式，让学生在模拟情境中，通过互动和交流，学会理解和接纳他人的观点，也能更好地反思自己的观点。这些活动能够提供一个相对轻松和自由的氛围，让学生逐渐意识到自己的观点与他人的差异，从而更好地接纳和尊重不同的意见。通过提供不同的视角和参考资料，帮助学生拓宽视野，理解问题的复杂性，从而激发他们自主思考和探索的欲望。在此过程中，班主任需要把握好引导的尺度，既要尊重学生的独立思考，又要巧妙地纠正其错误观念。班主任还可以适时地赞扬学生的独特见解，鼓励他们积极发表意见，增强自信心和自尊心。同时，组织课堂讨论、小组合作学习等活动形式，让学生在互动交流中学会尊重他人、接纳不同观点，体验到团队合作的重要性。对固执己见的学生，班主任有时也需要自我反思和调整。教育不只是班主任的责任，也是学生和班主任共同成长的过程。

四、智慧地管理学生

管理固执己见的学生是一项复杂而细致的工作,班主任需要运用教育智慧、耐心和策略引导学生健康成长。通过深入了解学生、创设情境教学、实施后果体验、个性化教育方案以及借助外部资源等多种方式,班主任可以更好地管理学生,促进他们的全面发展。同时,班主任也需要不断更新教育理念、掌握更科学的教学方法并注重自我修养,以提升自己的教育能力。

让懒散的学生变得勤奋

时间像一把尺子，它不会因为我们的懒散而缩短，也不会因为我们的勤奋而拉长。但我们可以选择如何使用这把尺子，我们可以选择让懒散占据我们的心灵，也可以选择让勤奋成为我们的动力。让学生铭记，青春是用来拼搏的，不是用于懒散的。每天清晨醒来的时刻，都是新的开始。每一次翻开书本的机会，都是一个知识的果实等待我们去采摘。每一次解答难题的过程，都是一次对世界更深层次的理解与认知。人生的道路虽然曲折，但只要我们勇敢地迈出第一步，就能够看到前方的光明。不要让懒散成为你成长的绊脚石，不要让拖延成为你实现梦想的拦路虎。

对学生的懒散行为，班主任不应一味批评，而是要给予正确的引导和建议。越是批评，懒散的学生越容易放弃。在沟通中，班主任要尊重学生的个性，用良好的心态聆听学生的心声，帮助他们认识到自己的潜力，激发他们的学习动力。班级中学生过于懒散时，班主任应当先进行深入调查与分析，了解每个学生的个性特点、兴趣爱好以及学业状况，从而找准他们懒散背后的具体原因。如果是学生对学习缺乏兴趣导致的懒散，班主任需要积极引导，结合课程特点挖掘学习的趣味性和实用性，鼓励学生发现并享受学习的乐趣。只有把学习当作一种乐趣，才能真正地投入其中，才能真正地收获知识。

课外活动也是点燃学生热情的良方，组织竞赛、志愿服务与社会实践等活动，让学生在实践中锤炼能力，体验成败，提高自我管理能力。对长期懒散的学生，班主任需耐心辅导，洞悉其内心世界，引导其树立正确的人生观与价值观，明确学习目的，激发学习动力；设立短期目标，辅以跟踪反馈，让学生在实现目标中培养自律。在班级中营造良好的学习氛围也是至关重要的。班主任可以组织学生开展小组讨论、合作学习等活动，让学生在互动中交流学习心得，激发他们的学习热情。面对懒散行为，班主任应以引导为主，尊重个性，理解需求，用平和之心倾听，帮助学生挖掘潜力，激发学习动力。

班主任自身也要以身作则，展现高度的责任心和敬业精神，用自身的言行影响和带动学生。在班级管理中，既要注重人性化管理，也要坚持原则，明确规章制度，严格执行纪律处分，确保班级秩序和良好风气的形成。班主任还要注重培养学生的自主管理能力，鼓励他们参与班级事务的决策和管理，让学生感受到自己的价值和责任感。为了提高学生的自律性，班主任可以推行时间管理方法，帮助学生制订合理的学习计划和作息时间表，让他们学会合理安排时间，提高学习效率。

班主任要建立起一套公正公平的评价体系，把学生的日常表现、学业进步、团队合作等多方面纳入考核，激发他们的竞争意识和进取心。对表现积极的学生，班主任要及时给予表扬和奖励，树立正面典型，形成"比学赶帮超"的良好氛围。构建公正评价体系，将日常表现、学业进步与团队协作等多维度纳入考量，点燃学生的竞争之火，激励他们追求卓越。对积极的学生及时嘉许，树立榜样，营造积极向上的班级氛围。

四、智慧地管理学生

让自私自利的学生学会分享

自私自利的学生往往以自我为中心，过度关注个人的利益得失，而忽视了对他人的关心和对他利益的尊重。在学校环境中，他们可能会为了争夺有限的资源，如成绩排名、奖学金等，采取各种策略，甚至不惜牺牲他人的利益来达成自己的目的。他们可能表现出极强的竞争性，在课堂讨论时总是试图将自己的观点强加给他人，或者在团队合作中抢占功劳，无视他人的贡献。在面对集体决策时，他们倾向于优先考虑自己的需求，而忽视了他人的合理诉求，这种行为往往会导致团队关系紧张。

班主任需要认识到，自私自利不只是个人行为，它也反映了教育模式的问题。一些人之所以表现出强烈的自私自利倾向，可能是因为他们在成长过程中缺乏良好的道德教育和情感熏陶，导致他们无法理解和体会到分享、互助和尊重他人的重要性。此外，社会竞争压力过大、家庭教育方式不当等因素也可能起到推波助澜的作用。一些家长过于重视孩子的学习成绩，忽视了品德修养和社会情感的培养，使得孩子在成长过程中误以为追求个人成功和利益最大化是唯一的目标，而忽略了对他人的关爱和尊重。

要改变这种状况，需要班主任从多个层面进行深入分析和改进。先了解他们的兴趣、目标、挑战和困难，以更好地理解他们的行为和决策背后的原因。这也有助于建立信任和良好的师生关系，学生更愿意与你分享他们的想法和感受。提供清晰的行为预期是必要的，让学生明白你的期望和标准，他们就能更好地了解自己的责任。在班级中建立明确的行为规范和奖励机制，可以激励学生作出正确的决策，也可以限制那些自私自利的行为。当学生表现出亲社会行为时，要及时给予表扬和鼓励，让他们意识到这种行为是正确的和有价值的。通过教育学生认识到自私自利的后果，帮助他们理解这种行为可能对他人和社会造成的负面影响。

如果自私自利的行为问题较为严重，班主任需要采取行动进行干预。首先，与学生进行深入对话，了解他们自私自利行为背后的原因，帮助他们认识到自己的行为对他人和社会的影响。在对话过程中，要保持冷静和客观，避免过度情绪化的反应。制定明确的班级规则和行为准则，让学生清楚知道什么是可以接受的，什么是不可以接受的。同时，社会舆论和学校纪律也应发挥积极作用，对自私自利的行为进行正确纠正。既要鼓励个体积极进取，又要倡导团结协作、互助互爱的良好风尚，使学生明白，只有通

四、智慧地管理学生

过相互帮助、共同进步,才能实现个人与集体的和谐发展。要设立一定的奖惩机制,对表现出自私自利行为的学生给予适当地惩罚,对表现出亲社会行为的学生进行表扬和奖励。可以组织一些团队活动或合作项目,让学生在合作中学会关心他人、尊重他人、理解他人。通过团队合作的方式,让他们体验到集体力量和合作的重要性,从而减少自私自利的行为。家长也要调整教育方式,注重培养孩子的共情能力和社会责任感,鼓励他们在追求个人进步的同时,学会关心他人,尊重他人的权益。

学校可以开展一系列团队建设和社会实践活动,让学生在实践中学会沟通、协作和分享,体验到集体力量和互助带来的成功。通过这些活动,引导学生明白,一个人的力量再强大,终究有限,而团结一心则可以创造出超越个体能力的奇迹。学校应建立健全公正公平的奖惩机制,确保每一个学生的努力和贡献都能得到应有的认可和回报,从而减少因对资源的渴望而产生的过度竞争行为。同时,对表现出的自私自利行为,学校应及时进行干预和教育,让学生认识到这种行为的危害性,鼓励他们改正错误,学会尊重他人。与家长保持联系,共同关注学生的成长。让家长了解学校的教育理念和行为规范,同时也要了解孩子在家的行为表现,共同促进学生的健康成长。通过持续的沟通和合作,班主任能够更全面地理解和引导学生的行为,而家长则能够在家庭环境中强化和支持这种价值观。班主任需要定期反思和调整管理策略,观察并记录学生的行为变化,分析其效果和原因,以便对管理策略进行及时的优化。

实施情感教育也是管理自私自利行为的重要环节。班主任应帮助学生认识到,每个人都有自己的感受和需求,尊重他人、理解他人是建立良好的人际关系的基础。培养学生的共情能力,使他们能更好地体会他人的情感和需求,从而减少自私自利的行为。开展价值观教育,让学生明白,社会提倡的价值观是尊重、关心、帮助他人,而不是自私自利。通过讲解历史人物、现实榜样以及公益活动的事例,让学生深刻理解亲社会行为的重要性和积极意义。倡导"人人参与、人人尽力、人人享有"的社会发展理念,让每个学生都明白,人生的价值不仅仅在于追求个人的成功,更在于对他人和社会的贡献。

四、智慧地管理学生

让偏科的学生得到全面发展

在班级的知识花园里,每个学生都是一朵独特的花朵,具有自己的绽放节奏与偏好。班级中常常能看到这样的景象:有的学生在数学的数字迷宫里如鱼得水,解题思路清晰、游刃有余,可面对语文的诗词歌赋,仿佛陷入迷雾,难以领会其中精妙。学习偏科现象,犹如横亘在学生全面发展道路上的巨石。如何帮助这些学生走出偏科的泥沼,享受全面发展的芬芳,是教育旅程中一段充满挑战的探索。

要解决偏科问题,如同医生治病,先找准病因。每个学生偏科的背后,都有着独特的缘由。有的学生因为对某个学科的老师印象不佳,进而"迁怒"这门学科。想象一下,课堂上老师讲解枯燥乏味,学生听得昏昏欲睡,久而久之,对这门课的兴趣就越来越淡。还有些学生是因为早期学习中遇到的挫折在心里埋下了偏科的种子。例如,在英语学习的初级阶段,没有掌握好音标,导致单词发音困难,背诵单词成了一场噩梦。一次次的挫败感让他们对英语产生了恐惧和抵触，渐渐地，英语成绩一落千丈。另外，学生的思维方式和兴趣爱好也起着关键作用。逻辑思维敏锐的学生，在物理、化学等需要严谨推理和计算的学科中如鱼得水；那些富有想象力和语言表达能力的学生，则在语文、英语的世界里肆意遨游。这种天赋的差异，使得学生在不同学科的学习中表现出明显的不平衡。班主任只有通过与学生耐心交谈、细致观察他们的学习习惯、分析各科成绩变化趋势等方式，精准找出偏科的根源，才能为后续的"治疗"做好基础。

兴趣是最好的老师，一旦学生对偏科的学科产生兴趣，就如同为学习注入了强大的动力。班主任可以精心设计有趣的教学活动，将枯燥的知识变得生动鲜活。例如，在英语课堂上，组织一场英语戏剧表演，让学生在角色扮演中感受英语的魅力；还可以分享一些学科领域的奇闻轶事，像数学史上的经典难题是如何被攻克的，激发学生的好奇心。老师可以通过创新教学方法，让课堂变得生动有趣。例如，在物理课上可以通过一些有趣的实验，如"会跳舞的盐粒""自制彩虹"等，吸引学生的注意力，激发他们对物理现象的好奇心；在讲解抽象的物理概念时，也可以用生活中的实例进行类比，让学生更容易理解。

班主任要鼓励学生参加与偏科学科相关的社团活动。例如，对于语文薄弱的学生，可以鼓励他们参加文学社，

四、智慧地管理学生

通过阅读经典作品、写作练习、参加文学讲座等活动，提高他们对语文的兴趣和素养。家长也能在家中营造浓厚的学科氛围，若孩子语文薄弱，不妨在家中设置一个温馨的阅读角，摆满各类有趣的书籍，周末一起去图书馆参加读书分享会。当学生在学科学习中找到乐趣，主动探索知识的大门便会缓缓打开。

每个学生都是独一无二的，学习方案也应因人而异。对那些因为基础知识薄弱而偏科的学生，班主任要从最基础的部分开始，一步一个脚印地夯实基础。以数学为例，从简单的四则运算、基本的几何图形开始复习，确保学生对每一个知识点都理解透彻。通过反复练习，让学生熟练掌握基础知识，为后续的学习搭建稳固的阶梯。学习节奏上，也不能急于求成，要根据学生的接受程度合理安排。有的学生适合每天少量多次地学习，每次集中精力解决几个问题；而有的学生则擅长在一段时间内集中攻克一个难题。学习方法更是多种多样，有的学生通过制作思维导图能更好地梳理知识框架；有的学生习惯错题整理，分析错误原因，避免再次犯错。班主任要帮助学生不断尝试，找到最适合他们的学习方法。

在偏科学生的逆袭之路上，激励像照亮黑暗的明灯。当学生取得哪怕是微小的进步，班主任都要及时给予肯定。班主任在课堂上可以当众表扬："这次你的××作业完成得非常认真，解题思路也很清晰，继续加油！"管理学习偏科的学生，班主任需要用心洞察、用情引导、用智慧规划。只要班主任不放弃，每一个偏科的学生都有可能再次在弱势学科的天空中自由翱翔，书写属于他们的精彩篇章。

后记

  这本书的诞生,不仅是我多年教育教学经验的总结,更是我对学生深深的热爱和关怀的体现。我希望能通过这本书,让更多的人了解我的班级,以及班级每一位学生的成长故事。

  回想陪伴我走过这段旅程的点点滴滴,我感受到了时光匆匆。我清楚地记得,我刚刚接手班级时的场景。面对一群活泼好动、思想活跃的孩子,我心中既兴奋又忐忑。我深知,教育的真正意义不仅仅在于传授知识,更在于引导孩子们形成正确的价值观和人生观,培养他们的创新思维和批判性思考能力。因此,我更加努力地学习和研究新的教育方法和理念,把更多元、更丰富、更有价值的知识和经验传授给他们。

在编写这本书的过程中，我力求真实地再现我的班级的学习和生活场景，以及学生形象。我希望通过这些文字，让读者感受到每一位学生的情感和内心世界，看到他们在成长过程中遇到的挫折和困难，以及如何一步步克服这些困难。此外，我还希望这本书能够成为家长、老师和孩子之间沟通的桥梁。通过阅读这些故事，家长可以更好地理解孩子的成长需求，老师可以借鉴我的教学方法和策略，孩子则能从书中找到自己的影子，更加自信和坚定地迎接未来的挑战。

班主任的职责不仅仅是传授知识，更是要成为学生的朋友和引路人。我深知，教育也是塑造人格、点燃希望的过程。在这本书中，我力求展现每一位学生的独特个性和潜能，希望通过他们的故事让读者明白，无论起点高低，只要勇往直前、坚持不懈，每个人都能够书写属于自己的精彩篇章。

作为一名班主任，我珍视与学生共度的每一刻。无论是批评还是鼓励，都希望他们成长为独立、自信、有担当的人。这本书承载着我对每一位学生的衷心祝愿——愿你们在人生的旅途中，无畏困难与挑战，从书中汲取力量与灵感，找到属于自己的答案；愿你们不断探索潜能，超越自我，实现人生的最大价值；愿你们始终怀抱对知识的热爱、对生活的热情、对未来的期待；愿你们无论身处何地、肩负何种角色，都能不忘初心，勇担使命。希望你们的人

后 记

生如这本书一般，充满智慧、勇气与爱。愿每一位读者都能从中获得启迪，找到前行的力量。

这本书的出版，不仅仅是我个人教育生涯的一个里程碑，更是我和学生共同成长的见证。我希望，它能成为教育工作者和家长的一个参考，一起分享我们的故事，探讨更好的教育方法。在未来的日子里，我会继续努力，希望能为学生创造一个更加美好的成长环境。同时，我也期待着与更多的教育同仁交流，为教育事业贡献自己的微薄之力。我深知，这本书的出版只是一个起点，是我教育生涯中的一个重要节点，而不是终点，故事还在继续。教育的道路是无尽的，每一天都是一个新的开始，每一次与学生的相遇都是一次美丽的邂逅。我坚信，只有不断地学习、进步和创新，才能更好地适应学生成长的需求，才能更好地发挥教育的力量。

这本书的出版让我更加坚定了自己的教育理念——尊重每一位学生，发现他们的独特性，激发他们的潜能，帮助他们实现自己的理想。我相信，每一位学生都是独一无二的，他们的成长和发展有着自己的节奏和方式。作为教师，我的作用就是引导他们。

最后，我要感谢出版社及其编辑给予我的支持和肯定。正是有了他们的鼓励和帮助，我才有信心将这本书呈现给广大读者。同时，我也要感谢我班级的每一个孩子，是他们的热情和努力，让我有了完成这本书的动力。

感谢我的学生,他们不仅是我工作中的伙伴,更是我成长路上的同行人。与他们相处的每一天,我都能从他们身上学到很多,他们的纯真、热情和求知欲都深深感染了我。